KLARTEXT

Bibliografische Information der Deutschen Nationalbibliothek
Die Deutsche Nationalbibliothek verzeichnet diese Publikation in der Deutschen Nationalbibliografie; detaillierte bibliografische Daten sind im Internet über http://dnb.dnb.de abrufbar.

Impressum

1. Auflage Oktober 2019
Layout und Satz: Joachim Bartels
Umschlaggestaltung: Joachim Bartels
Umschlagbilder: Stefan Ziese (vorne), Nikola Hollmann (hinten)
Bild Umschlagklappe: Melanie Brockes
Kartengrundlage: © OpenStreetMap-Mitwirkende
Druck und Bindung: Multiprint GmbH, Kostinbrod 2230, Slavianska Str. 10 A, Bulgarien

ISBN 978-3-8375-2168-9

KLARTEXT

Jakob Funke Medien Beteiligungs GmbH & Co. KG
Jakob-Funke-Platz 1, 45127 Essen
info@klartext-verlag.de, www.klartext-verlag.de

Nikola Hollmann

Die schönsten Touren rund um

Winterberg Schmallenberg Medebach

Wanderführer Sauerland

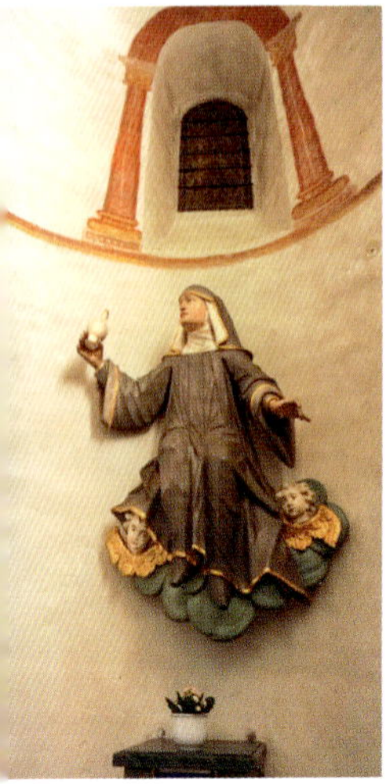

Walburga-Statue
in Wormbach

Inhalt

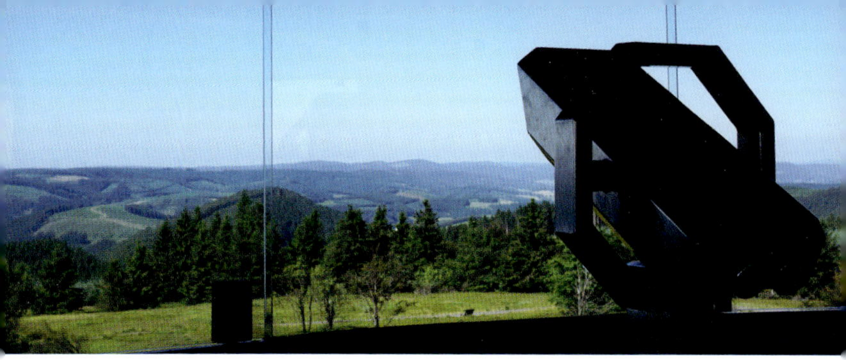

Aussicht aus dem Astentum

Vorwort

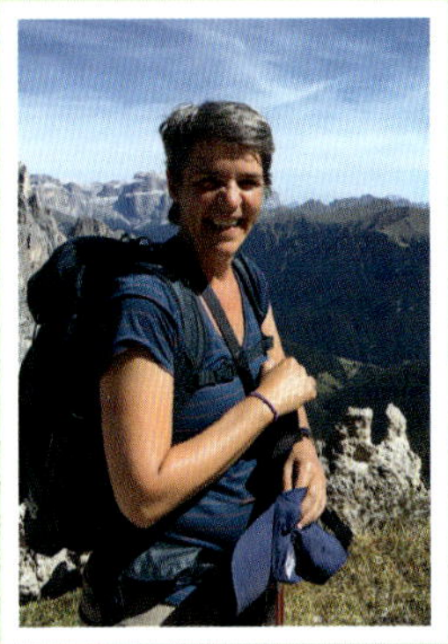

Erst vier Regionen in Deutschland dürfen das Siegel „Qualitätsregion wanderbares Deutschland“ des Deutschen Wanderverbandes tragen. Das Sauerland war federführend und erhielt als erste Region überhaupt das Zertifikat – vor allen anderen bereits im Jahr 2014. Und tatsächlich fühlt man sich als Wanderin ein bisschen wie im Schlaraffenland, nur dass einem hier vom übermäßigen Genuss nicht der Magen wehtut, sondern die Füße: von noch einem Abstecher und noch einer Runde.

Es braucht nur einen Blick auf die sogenannten Wanderportale, die es fast in jedem Ort gibt, auf die manchmal riesigen Schilderbäume mit unzähligen Wanderwegen, um zu wissen, welchem Luxusproblem Wanderer und vor allem Autorinnen von Wanderbüchern gegenüberstehen, wenn es um das Sauerland geht – insbesondere um die Region rund um die Hotspots Winterberg und Schmallenberg: Die Auswahl aus der Fülle von Möglichkeiten ist nicht leicht – und natürlich ist sie subjektiv. Die hier vorliegende schlägt von allem etwas vor: Es gibt kürzere und längere, schwerere und leichtere Runden, es geht hoch hinauf oder bleibt im Tal.

Ich lade Sie herzlich ein mitzukommen.

Ihre
Nikola Hollmann

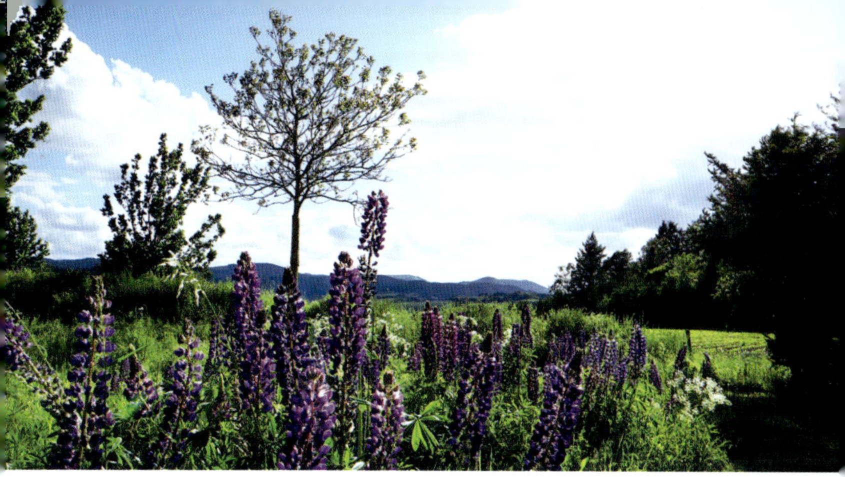

Das Sauerland

Das Sauerland gilt als „Land der tausend Berge", genau nachgerechnet sollen es 2711 sein. Wie es zu seinem Namen kommt, darüber gibt es unterschiedliche Erzählungen, angefangen bei Karl dem Großen, der als er nach einer Reise durch die Region endlich wieder flaches Gelände vor sich hatte, angeblich gesagt haben soll: „Dies war mir ein suer Land." Nette Geschichte. Und wirklich hält sich bis heute eine Theorie, die vermutet, dass der Name tatsächlich das beschwerliche Leben in der Region wiedergibt. Andere halten es für wahrscheinlicher, dass es einfach um das Süderland geht, die Region südlich der Zentren Dortmund, Soest und Münster. Kulturgeschichtlich teilte sich das Land in das märkische und das kurkölnische Sauerland. Viele der beschriebenen Wege führen an den Grenzen von Kurköln zum Wittgensteiner oder zum Waldecker Land entlang, durchaus Grenzen, die bis heute wirken – nicht zuletzt auch durch die Jahrhunderte währenden Unterschiede in der Konfessionszugehörigkeit der katholischen Sauerländer und der protestantischen Nachbarn.

Positiv beschrieben wurde die Region erstmals in der Romantik, und in ihrem Zuge und dank der Eisenbahn entstand eine starke Wanderbewegung, die bis heute das Bild des Sauerlandes prägt. 1891 gründete sich der Sauerländische Gebirgsverein, auf Anhieb 44 Ortsgruppen schufen ein Wanderwegenetz, das bis heute keinen Vergleich scheuen muss. Die Vereine fungierten auch als erste Fremdenverkehrsvereine, vermittelten Zimmer und holten so den Fremdenverkehr ins Sauerland.

Und das hat touristisch viel zu bieten: hohe Mittelgebirgszüge wie das Rothaargebirge oder das Lennegebirge, die höchsten Berge Nordrhein-Westfalens, tief eingeschnittene Wiesentäler, riesige Wälder. Dazu liebevoll gepflegte Orte, häufig in Fachwerkbauweise errichtet, und unzählige Kirchen, Kapellen und Bildstöcke und eine beispielhafte Infrastruktur für Wanderer. Überzeugen Sie sich selbst!

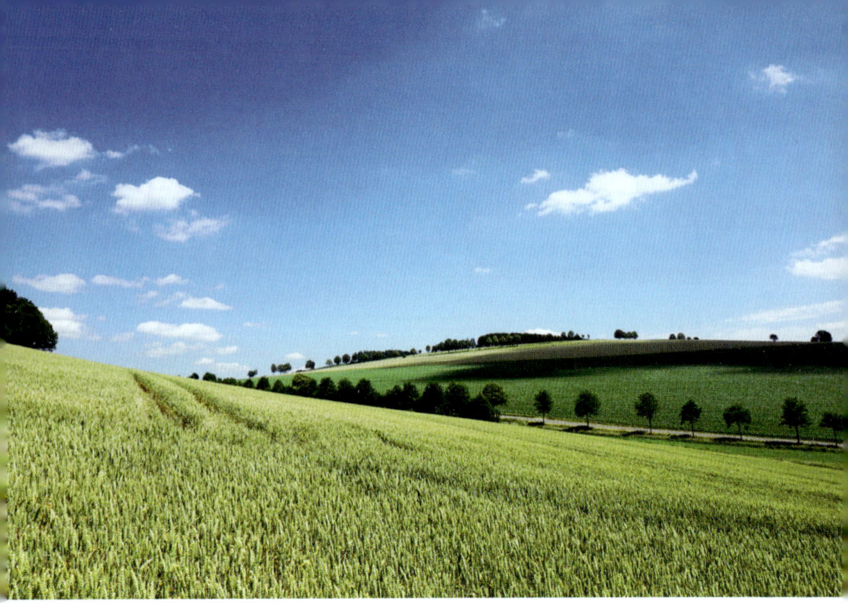

Zwischen Bad Fredeburg und Wormbach

Ganz lebendig auf alten Totenwegen

Runde: Bad Fredeburg – Wormbach – Berghausen

Tour 1

4:30 Std | 15,5 km | leicht | 136 m

Start / Ziel: Wanderparkplatz Donscheid, Robbecker Weg, Schmallenberg-Bad Fredeburg, an der B 511 Richtung Eslohe

Wegbeschaffenheit: überwiegend breite Forstwege, kurze Asphaltstrecken, Wiesen

Auf- und Abstieg: 364 Meter

Kondition: mittel

Ausrüstung: Wanderschuhe oder Turnschuhe, Sonnenschutz, Kopfbedeckung

Zwischenziele: 1. Ebbinghof / 2. Soester Totenweg / 3. Pfarrkirche St. Peter und Paul & Kirchhof, Wormbach (Highlight) / 4. Meiler-Platz / 5. Pfarrkirche St.-Cyriakus, Berghausen (Highlight)

Abstecher: Bad Fredeburg

Dieser schöne, aussichtsreiche Weg führt von Bad Fredeburg nach Wormbach. Der wahrscheinlich erste christliche Ort des Sauerlandes war schon in vorchristlicher Zeit ein kultureller und vor allem kultischer Mittelpunkt. Ab Ebbinghof wandert man auf einem der alten keltischen „Totenwege“, die nach Wormbach führten, an diesen Ort, so heilig, dass die Menschen in vorchristlichen Zeiten ihre Toten von weit herbrachten, um sie hier zu beerdigen. Heute ist der „Totenweg“ ein liebevoll gepflegter wunderschöner Weg. Und trotzdem will man unterwegs gar nicht verweilen, denn es zieht irgendwie hin nach Wormbach, und tatsächlich sollte man sich die Zeit nehmen, in aller Ruhe die Kirche und den Friedhof zu erkunden: Den Kirchhof, wie man ihn im Sauerland nicht erwarten würde, die romanische Kirche, in der einzigartige Tierkreis-Malereien die Decke schmücken. Und hinter der Kirche lädt ein ruhiger Platz dazu ein, eine Rast einzulegen und sich mit frischem Wasser zu versorgen. Zurück geht es über Berghausen auf bequemen, aussichtsreichen Wegen.

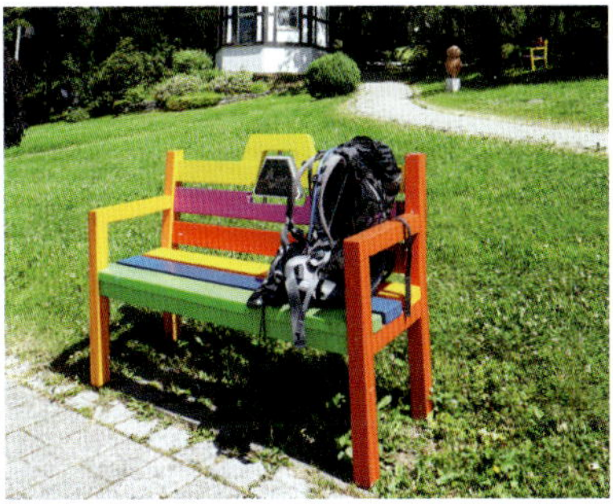

Im Bad Fredeburger Kurpark

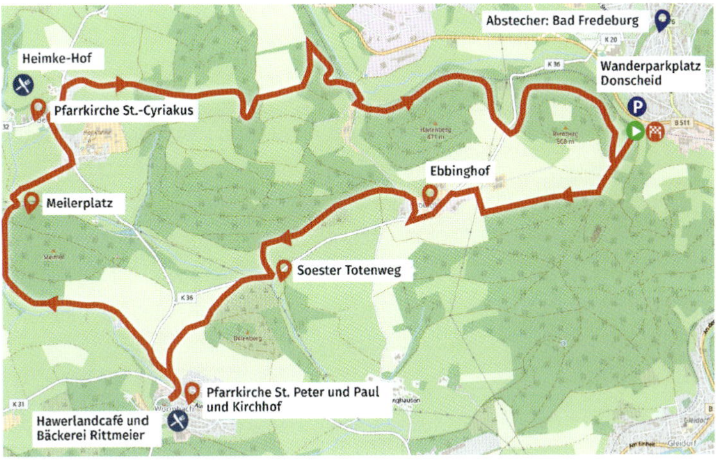

WEGBESCHREIBUNG

MEIN TIPP

An manchen Tagen ist der Weg oberhalb von Ebbinghof nicht gemäht. Zum Schutz vor Zecken oder allergischen Reaktionen empfehlen sich hier lange Hosen. Mein Tipp für heiße Sommertage: T-Zip-Hosen, deren Beine sich leicht an- und abmachen lassen, ohne dass man die Schuhe ausziehen muss.

Vom Wanderparkplatz Donscheid aus wandern wir gegenüber der Unterführung den Berg hinauf. An der nächsten Kreuzung wird sich später die Runde schließen. Wir gehen geradeaus und genießen den Blick auf die umliegenden Hügel. An einer **Kneipp-Anlage** verlassen wir den Asphaltweg nach rechts, der Markierung **BF3** folgend. Der Weg führt aufs offene Feld und eröffnet freie Ausblicke in die sanften Berge und landwirtschaftlich genutzten Täler. Er ist manchmal nicht gemäht, stellt aber nie eine Schwierigkeit dar.

Oberhalb großer Biogasanlagen geht der Feldweg in eine kleine Asphaltstraße über, die im rechten Winkel bergab führt. An der Querstraße biegen wir nach links ab und gehen bis zu der kleinen Straße an den Anlagen vorbei.

Wir überqueren das Sträßchen und gehen auf dem Rad- und Wanderweg nach links. Der BF3 zweigt auf Höhe des **Familien-Hotels** nach rechts von der Straße ab, führt rechts um dieses herum und dann an einem Bauernhof vorbei. Von rechts stößt ein kleines Sträßchen dazu, und unmittelbar danach führt der Wanderweg nach links in den Wald.

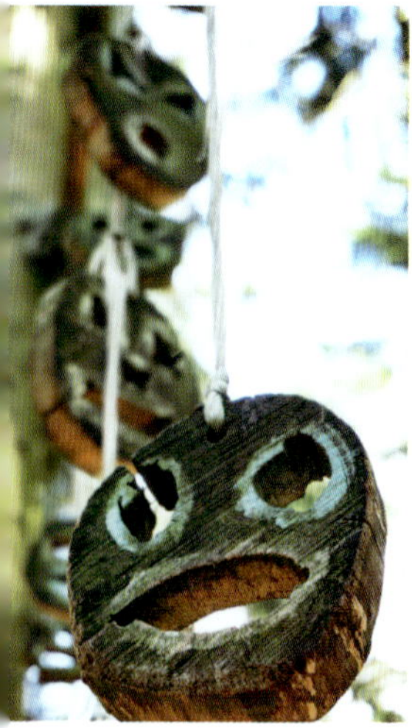

Auf dem Totenweg

Wir befinden uns nun auf dem **„Soester Totenweg“**, der hier allerdings für Kinder als **„Zauberwald“** gestaltet ist, und erreichen bald einen kleinen Platz, an dem eine Kapelle und ein Waldsofa zur Rast einladen. Auf dem mittleren Weg gehen wir geradeaus in Richtung Wormbach. An einer Y-Kreuzung halten wir uns links, und nach etwa 600 Metern biegt der Wanderweg im rechten Winkel nach links ab und führt auf einem Wiesenpfad ins Tal.

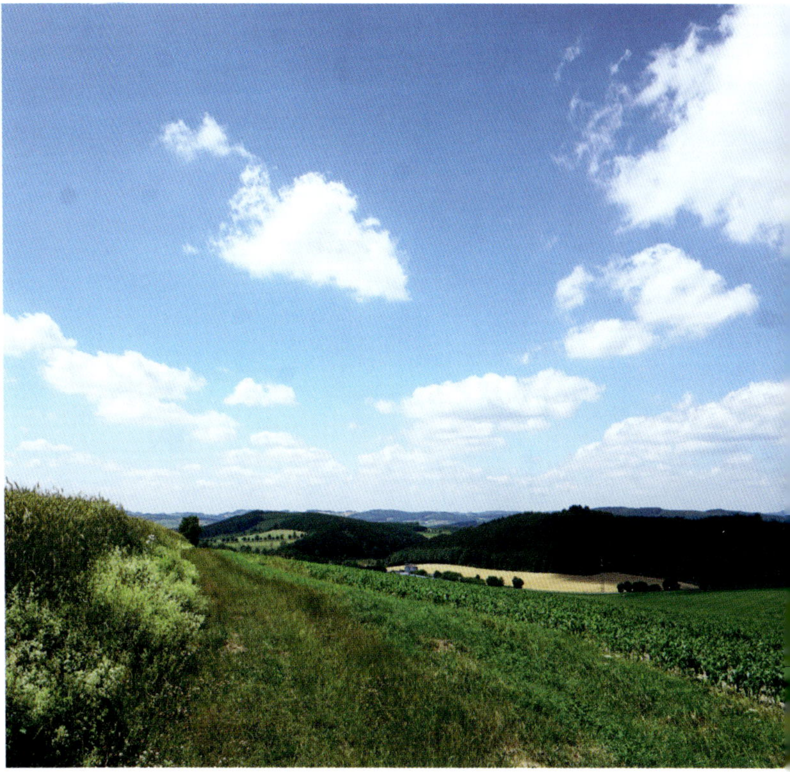

Auf Wiesenpfaden über Ebbinghof

Der „Totenweg" führt im Tal vor einem Bach zunächst kurz nach links und dann an der Straße entlang für etwa 200 Meter nach rechts. An einer **Bank** steigen wir weglos auf die Böschung der Straße, überqueren diese und wandern gegenüber schräg nach rechts bergauf.

Oben wenden wir uns an einer Schranke nach rechts und wandern leicht bergab und mit schönen Blicken auf die Kreuzbergkapelle auf der Egge in Richtung Wormbach. An der Straßenkreuzung halten wir uns links und gehen bis zur Kirche.

EINKEHR AM WEG

Hawerlandcafé und Bäckerei Rittmeier
Alt Wormbach 3 (gegenüber der Kirche), Tel. 02972/962202. Geöffnet dienstags bis freitags von 6.30 bis 18 Uhr, samstags von 6 bis 13 Uhr, sonn- und feiertags von 7 bis 18 Uhr. Montag Ruhetag.

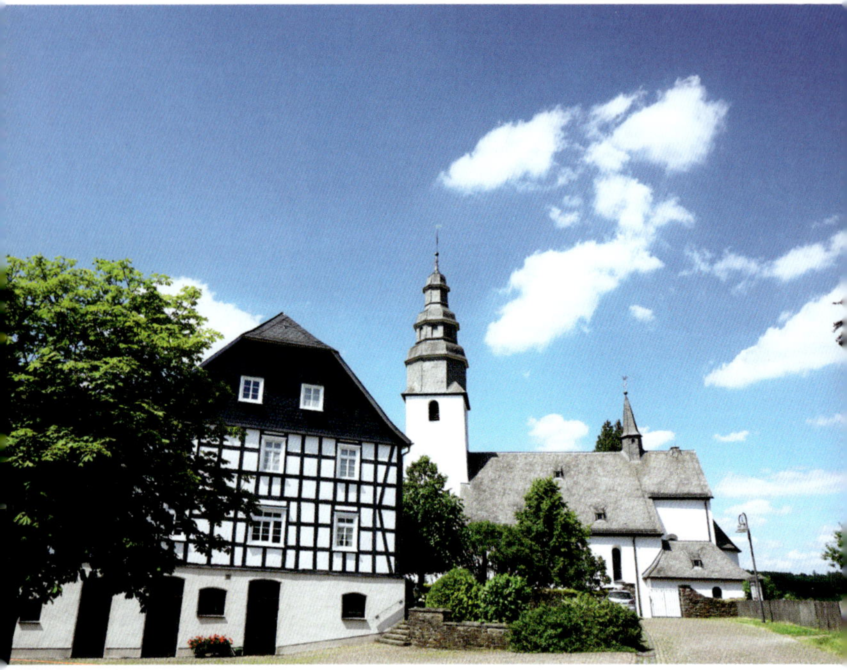

Die Urpfarre des Sauerlandes: Pfarrkirche St. Peter und Paul in Wormbach

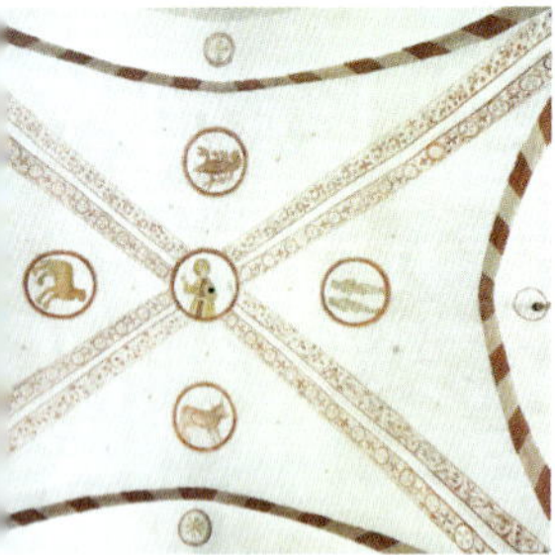

Die Fresken mit Tierkreiszeichen sind eine Rarität

Nach dem Besuch Wormbachs gehen wir zurück zu dieser Kreuzung und dann noch gut 200 Meter weiter an der Straße Richtung Berghausen entlang, bis wir sie in einer langen Rechtskurve überqueren und gegenüber auf dem Schotterweg weiterwandern. Wir wandern leicht bergab in einem einsamen **Bachtal** im Bogen um die Bergkuppe des Steimel herum. Es dauert eine ganze Weile, bis unser Weg wieder an eine Kreuzung trifft. Dort gehen wir zunächst geradeaus und dann nach etwa 50 Metern nach links auf einem schmalen Pfad am alten **Meiler-Platz** hinunter zum Bach. Über eine **Brücke** kommen wir an einer Schutzhütte vorbei und erreichen eine kleine Straße, in die wir nach rechts einbiegen. Ein steiler Weg führt bergauf Richtung Berghausen, bietet aber in kurzen Abständen Bänke zum Ausruhen.

TIPP

Hinter der Wormbacher Kirche kann man seine Wasservorräte an einem Brunnen auffüllen.

WANDER HIGHLIGHT

Wormbach: „Der schönste Kirchhof der Welt"

Diesen Superlativ hat ein holländischer Autor dem Friedhof der Pfarrkirche St. Peter und Paul verliehen, und tatsächlich sind die schlichten Holzkreuze auf dem wie bei einer Burg erhöhten Platz das erste, was erstaunt innehalten lässt. Im Tod sind alle gleich, das ist hier offensichtlich. Gesäumt wird der Hof von alten Linden, eine davon hat am Ostersonntag 1945 nicht nur die Kirche, sondern auch das Leben der Gläubigen gerettet, als sie eine Zehn-Zentner-Bombe mit ihrer Krone auffing und so sanft abgleiten ließ, dass sie nicht explodierte.

Aber auch das Innere der im 13. Jahrhundert errichteten romanischen Kirche bietet eine Fülle an Einzigartigkeiten – jede von ihnen ist eine Geschichte wert: Da sind zum Beispiel die Tierkreiszeichen, die die Decke schmücken. Sie könnten ein Hinweis darauf sein, dass Wormbach in vorchristlicher Zeit eine Bedeutung als Sonnenwarte gehabt hat. Wormbach gilt als Urzelle des Christentums im Sauerland – die Annahme, dass die Kirche auf ein vorhandenes germanisches oder keltisches Heiligtum gebaut wurde, kann als erwiesen angesehen werden. In diesen Zeiten hatte der Ort eine kultische Bedeutung, die die Menschen veranlasst hat, ihre Verstorbenen von weit her zu bringen, um sie hier zu bestatten. Noch heute tragen die Wanderwege die Namen dieser „Totenwege".

Die Legende sagt, dass einer der wichtigsten Missionare, Bonifatius selbst, oder einer seiner Gefährten in Wormbach gewirkt haben soll. Dafür spricht, dass sich die Verehrung seiner Verwandten Walburga bis heute hält und in der jährlichen Walburga-Woche im Mai gipfelt. Ob Legende oder Wirklichkeit, sicher ist, dass die erste Kirche unter der jetzigen ungefähr auf das Jahr 850 datiert werden kann. Aber auch sie war noch nicht die erste: Diese soll nämlich in der Nähe der Quelle am alten Pfarrhaus gestanden haben, dort wo vermutlich die alte Kultstätte gewesen ist, denn die Germanen verehrten ihre Götter an heiligen Quellen. Und in heiligen Hainen: Man darf vermuten, dass der Eichenwald südlich der Kirche ein Rest ihres Heiligtums ist.

Informationen:

- Die Walburga-Woche beginnt jedes Jahr am ersten Mai-Sonntag.
- Sonntags von 11.20 bis 11.50 Uhr findet in der spätromanischen Kirche eine „Mystische Kirchenführung" statt. Veranstalter ist das „Familotel Ebbinghof", Ansprechpartner: Johannes Tigges , Telefon: 02972/97550

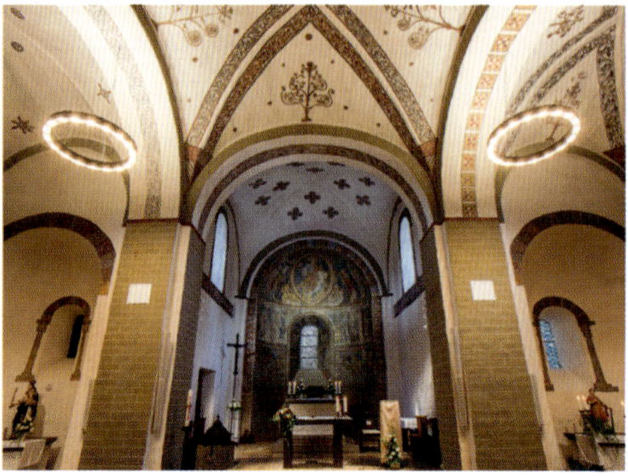

Innenansicht der St.-Cyriakus-Kirche

EINKEHR AM WEG

Heimke-Hof
Berghausen 1, 57392 Schmallenberg-Berghausen, Tel. 02972/5087. Geöffnet mittwochs bis sonntags ab 11.30 Uhr, montags Küche geschlossen, ab 17 Uhr Dämmerschoppen, dienstags Ruhetag.

An der Landstraße angekommen biegen wir nach links ab und wandern Richtung Unterdorf bis zur Kreuzung vor der **Kirche**. Dort folgen wir wieder der Markierung **BF3** nach rechts. An einem Picknickplatz neben der Straße biegen wir nach rechts ab und wandern bergauf wieder auf das offene Feld.

An zwei **Schutzhäuschen** und Bänken vorbei geht es geradeaus weiter auf dem gut ausgeschilderten **BF3**. Aufpassen muss man nur noch einmal dort, wo der Weg aus einem Fichtenwald geradeaus aufs Feld führt und sich rechts auf der anderen Talseite ein Industriegebiet zeigt. Dort gilt es, im spitzen Winkel nach rechts abzubiegen. Danach führt der Wanderweg gut markiert entlang und oberhalb des Bahntrassenradweges zurück zum Ausgangspunkt.

WANDER HIGHLIGHT

St. Cyriakus in Berghausen
Obwohl sie eigentlich zur Urpfarre in Wormbach gehörten, bauten die Berghausener schon um 1220 ihre eigenen Kirche – sogar noch größer als die, die damals noch in Wormbach stand. Die vor wenigen Jahren renovierte St.-Cyriakus-Kirche ist vor allem wegen ihrer Apsismalerei kunsthistorisch interessant, denn sie ist eine der wenigen romanischen Wandmalereien dieser Epoche, die in Deutschland erhalten sind.

Bad Fredeburg

Friede im Lande, das sollte die Vredeburg sichern, die Anfang des 14. Jahrhunderts von Dietrich III. von Bilstein errichtet worden war. In diese Zeit fiel auch die Stadtgründung vor den Toren der Burg, von der heute kaum noch etwas zu sehen ist.

Zweimal wurde Fredeburg, das seit 1995 Kneippheilbad ist und seit 1975 zur Großgemeinde Schmallenberg gehört, in weiten Teilen zerstört: einmal durch einen Brand im Jahr 1810 und dann in den letzten Tagen des zweiten Weltkriegs. Beide Male bauten die Menschen ihre Stadt wieder auf. Und es ist ihnen gelungen – nach der Wanderung sollte man sich den Besuch eines der Cafés oder Gasthäuser inmitten der anmutigen Fachwerkbauten keinesfalls entgehen lassen.

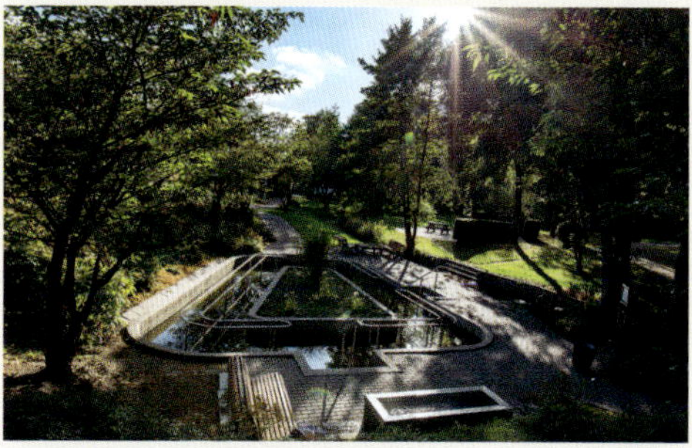

Kneipp-Anlage und Blick auf Bad Fredeburg

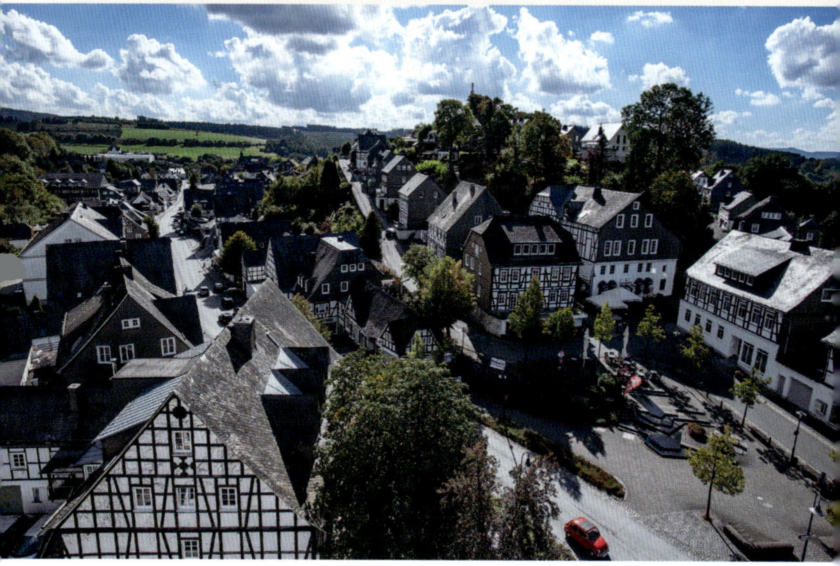

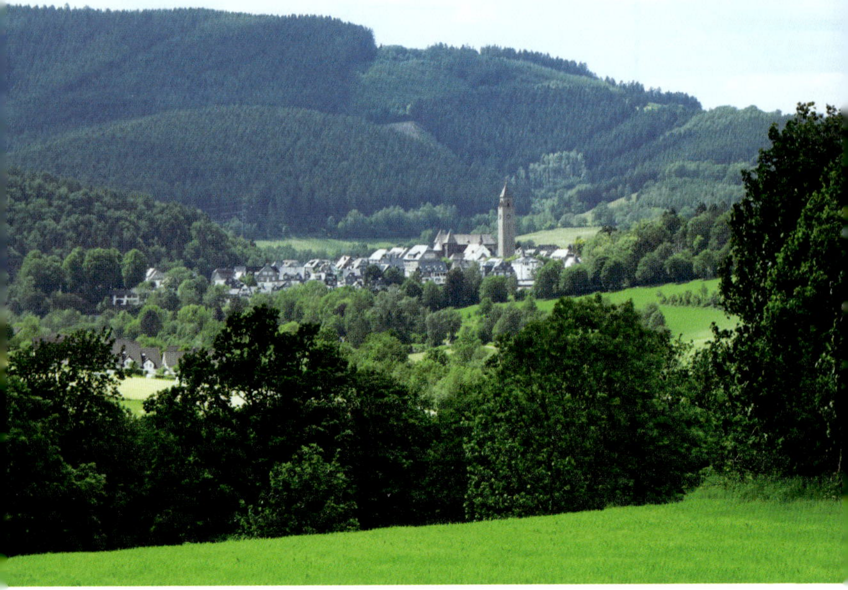

Aussicht auf Schmallenberg

Dem Himmel nah

Einsichten und Aussichten zwischen Schmallenberg und dem „Heiligen Berg des Sauerlandes"

Tour 2

3:30 Std | 12,25 km | leicht | 287 m

Start / Ziel: Parkplatz Alter Friedhof, Grafschafter Straße, 57392 Schmallenberg-Unterstadt
Wegbeschaffenheit: überwiegend bequeme Wald- und Wiesenwege, Asphaltwege, kurze steilere Passagen, bei Nässe kann es auf lehmigem Untergrund rutschig sein
Auf- und Abstieg: 368 Meter
Kondition: mittel
Ausrüstung: Wanderschuhe, Getränke
Zwischenziele: 1. Baumkreis / 2. Marienkapelle / 3. Wilzenbergturm (Highlight) 4. Kloster Grafschaft / 5. Skulptur „Über den Teichen"
Abstecher: Historische Altstadt Schmallenberg

Es gibt Orte, die haben eine Magie, die kann man nicht in Worte fassen. Menschen fühlen sich hier dem Himmel näher, welchen Gott oder welche Götter sie auch immer anbeten mögen. Der Wilzenberg ist so einer – schon die Kelten hatten hier oben eine Rückzugsstätte, später blieb der als „Heiliger Berg des Sauerlandes" bezeichnete Berg ein Ort des Gebetes und der Wallfahrt. Bis heute. Egal, ob man lieber von der Marienkappelle zum hohen Stahlkreuz aufblicken oder vom im Volksmund sogenannten „Eiffel-Turm" – der mit seinem Pendant in Paris nicht viel mehr als das Errichtungsdatum 1889 gemein hat – auf die wunderschöne Landschaft herunterblicken mag, auf diesen Berg kehren die Menschen immer wieder zurück. Der hier beschriebene sehr aussichtsreiche Rundweg startet in Schmallenberg. Unterwegs kommt man an einem privat errichteten Baumkreis vorbei. Nach dem Abstieg durchquert der Weg das sehenswerte Dorf Grafschaft und führt an dessen Klosteranlage entlang auf einem Abstecher über den „WaldSkulpturenWeg" zurück nach Schmallenberg.

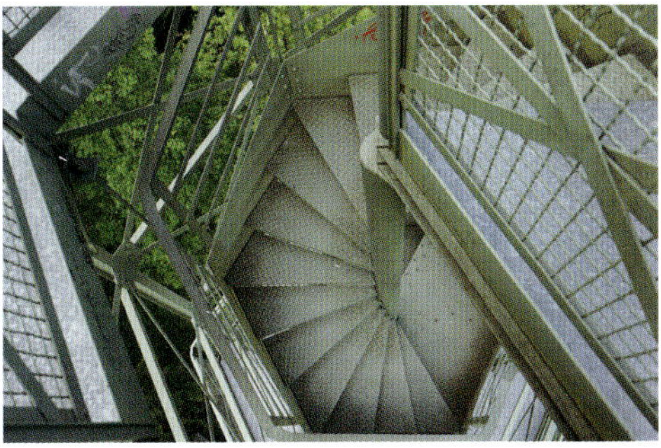

Blick in den „Eiffel-Turm"

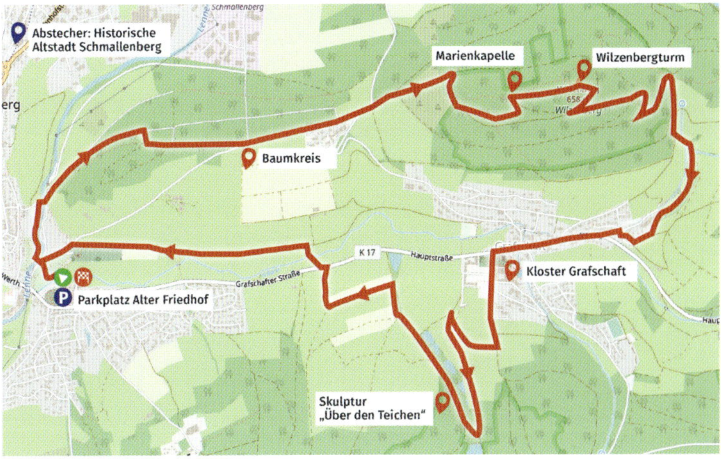

WEGBESCHREIBUNG

Ganz am Ende des Parkplatzes führt nach links eine Brücke in den Kurpark. Dort hält man sich links und geht an Teich und Spielplatz vorbei, überquert auf der anderen Seite der Straße die Lenne und folgt dieser nach rechts bis zur nächsten Brücke. Über diese geht man auf eine **kleine Kapelle** zu, hinter der ein Weg links den Berg hinauf Richtung Wilzenberg führt. An einer Y-Kreuzung wählen wir den rechten Weg und verlassen das Asphaltsträßchen, wo kurz vor einer Kuppe und direkt vor der weit und breit höchsten Fichte nach rechts ein zweispuriger Waldweg abzweigt. An einem umzäunten Gelände erreichen wir einen breiteren Weg, in den wir nach links einbiegen.

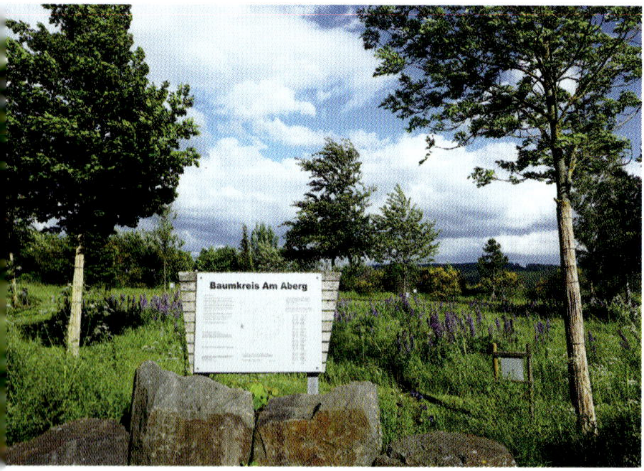

Das Baum-Horoskop

Wir passieren ein großes Kruzifix und treten an einer Kapelle gegenüber dem Baumkreis aus dem Wald. Auf dem Bergrücken des Aberges geht es am Fraunhofer-Institut und an einem Kruzifix vorbei geradeaus bis zum Parkplatz am Wilzenberg.

Dahinter folgen wir dem Sträßchen nach rechts bis wir an einer weiteren kleinen Kapelle vorbeikommen. Hier hat man drei Möglichkeiten, zum Wilzenberg aufzusteigen: Wir wählen die goldene Mitte und nehmen den Pfad, der schräg links in den Wald abzweigt. Auf diesem Weg halten wir uns immer

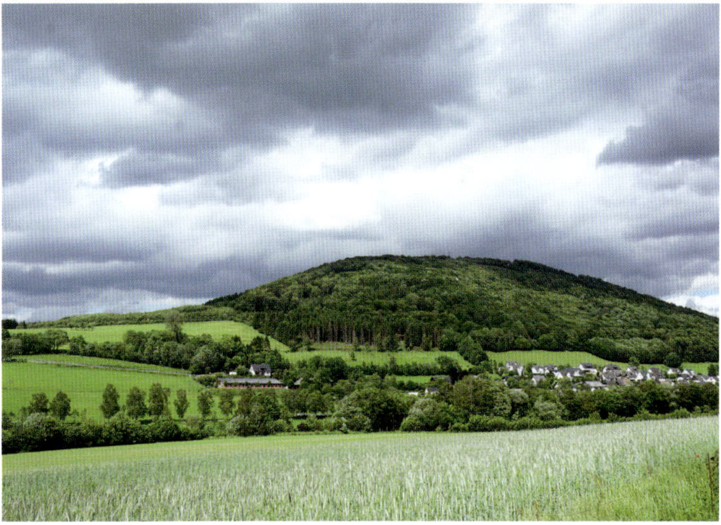

Der heilige Berg

WANDER HIGHLIGHT

Der Wilzenberg – der heilige Berg des Sauerlandes

Dass dieser Berg ein besonderer ist, das erkennt man schon an seiner Silhouette. Nicht weil er der höchste wäre, 658 Meter misst er nur. Und auch nicht, weil man von vielen Stellen das imposante Kreuz schon aus der Ferne sehen kann. Eher ist es seine Alleinstellung: ein Berg inmitten der Berge, der ohne die anderen auszukommen scheint. Seine besondere Atmosphäre hat die Menschen schon angezogen, lange bevor er zu einem christlichen Wallfahrtsort wurde: Eine Wallburg bot schon in der Eisenzeit Schutz, und sie war offenbar auch ein Ort für kultische Handlungen. Ihr Ring umschloss die gesamte Kuppe, im Mittelalter kam noch eine Burg dazu, die die höchste Kuppe umschloss. Kapelle und Kreuzigungsgruppe und natürlich nicht zuletzt das imposante 28 Meter hohe Kreuz lassen vermuten: Die Menschen werden auch weiterhin hierher pilgern und nach etwas suchen, das über sie hinaus weist …

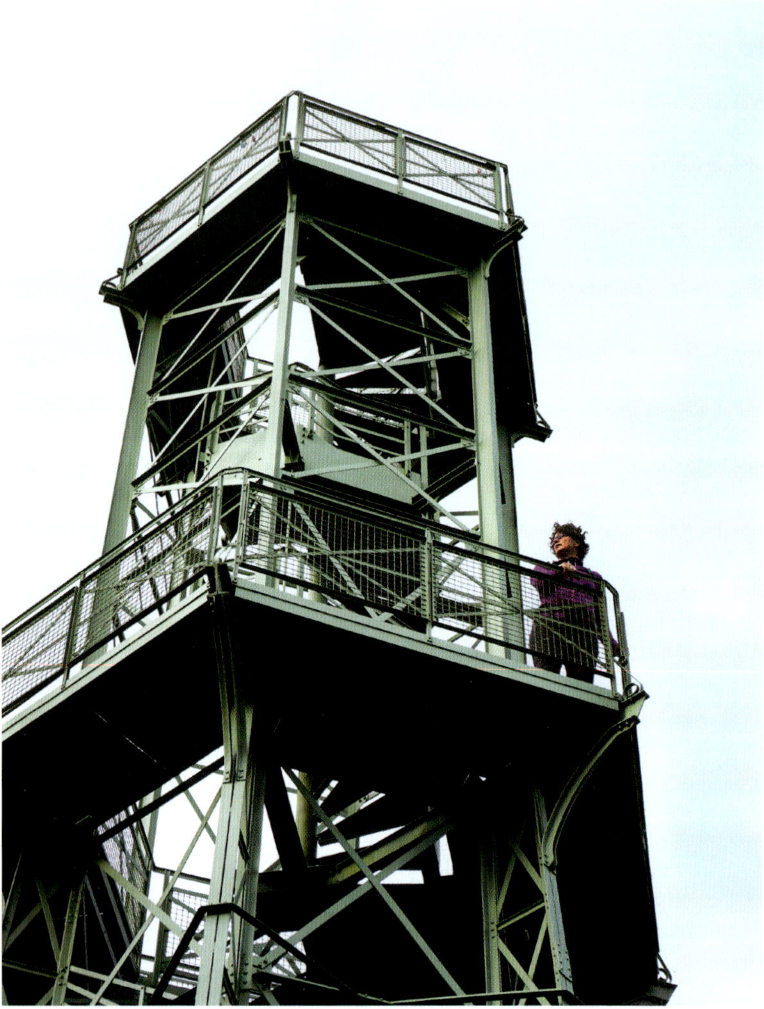

Der Aufstieg auf den Turm lohnt sich

WANDER HIGHLIGHT

Der „Eiffelturm" auf dem Wilzenberg

Nun gut, es stimmt ja: Tatsächlich teilt sich der Aussichtsturm auf dem Wilzenberg das gleiche Erbauungsdatum mit seinem berühmten Bruder. Ansonsten reicht er mit seinen 17 Metern nicht ganz an ihn heran. Obwohl: Wenn man die 658 Höhenmeter des Wilzenberges dazurechnet und schaut, auf welcher Höhe Paris liegt … und wer will schon die Seine sehen, wenn er die Lenne haben kann?

links, bis wir dic **Marienkapelle** erreichen. An der Kreuzigungsgruppe vorbei geht es weiter hinauf, wir passieren das 28 Meter hohe Gipfelkreuz und wandern auf der Kuppe des Berges weiter bis zum 17 Meter hohen **Aussichtsturm**.

Verschiedene Bodendenkmäler laden ebenfalls zur Beachtung ein und beweisen, dass dies schon für die Kelten ein Platz war, an dem Menschen Schutz und Halt gesucht haben.
Am Turm vorbei, der knapp neben dem höchsten Punkt des Wilzenberges liegt (658 Meter) und eine phantastische Aussicht bietet, führt der Wanderweg **A4** Richtung Grafschaft und quert den gut erkennbaren Ring der jüngeren, der frühmittelalterlichen **Wallburg**.

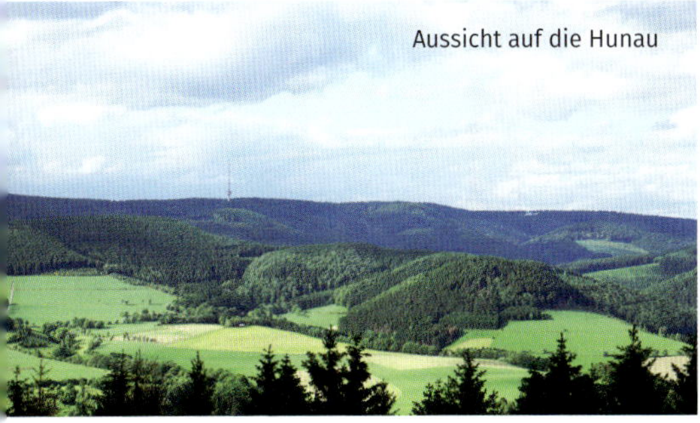
Aussicht auf die Hunau

Wir folgen dem **A4** an der nächsten Abzweigung nach rechts und an einem großen Platz im spitzen Winkel nach links und bleiben ihm bis zu einer großen Kreuzung treu, an der eine Kapelle und eine **Schutzhütte** stehen. Dort biegen wir nach rechts ab und erreichen eine kleine Asphaltstraße, auf der wir geradeaus wandern, bis eine **Treppe** links vom Sträßchen ab- und in einen steil zum Bachtal abfallenden Wiesenweg übergeht. Hier verlassen wir den A4 und folgen dem „Eichholzweg" durch das schöne **Basmecke-Tal** und bis zum idyllischen **Grafschafter Ortskern**.

EINKEHR AM WEG

Gasthof Heimes
Hauptstraße 1, Grafschaft
Tel. 02972/3030.
Geöffnet donnerstags bis montags von 11 bis 21 Uhr.

Back- und Caféhaus
Hauptstraße 5–7, Grafschaft
Tel. 02972/9959982.
Geöffnet montags bis samstags von 6 bis 18 Uhr, sonntags von 7.30 bis 17 Uhr.

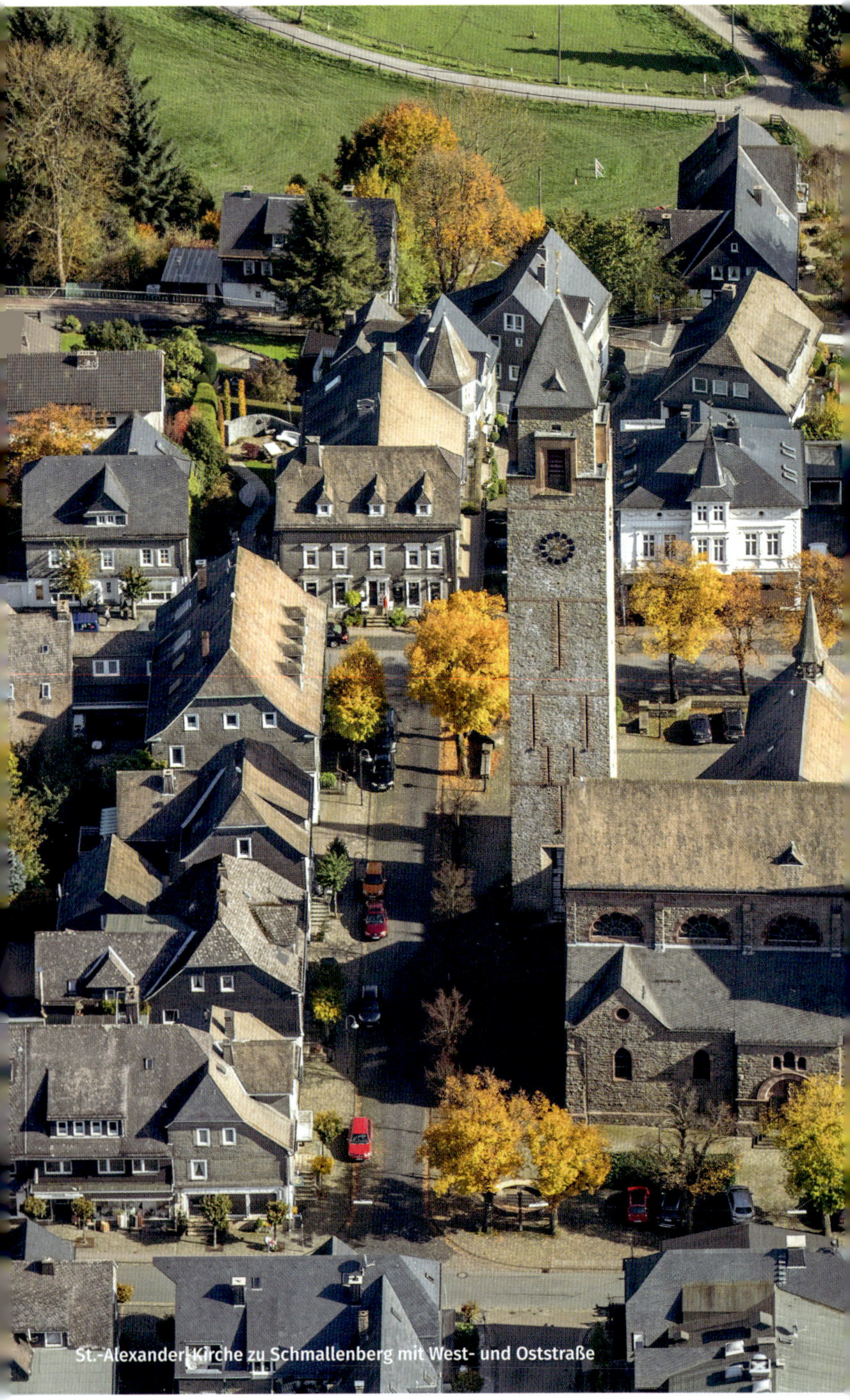

St.-Alexander-Kirche zu Schmallenberg mit West- und Oststraße

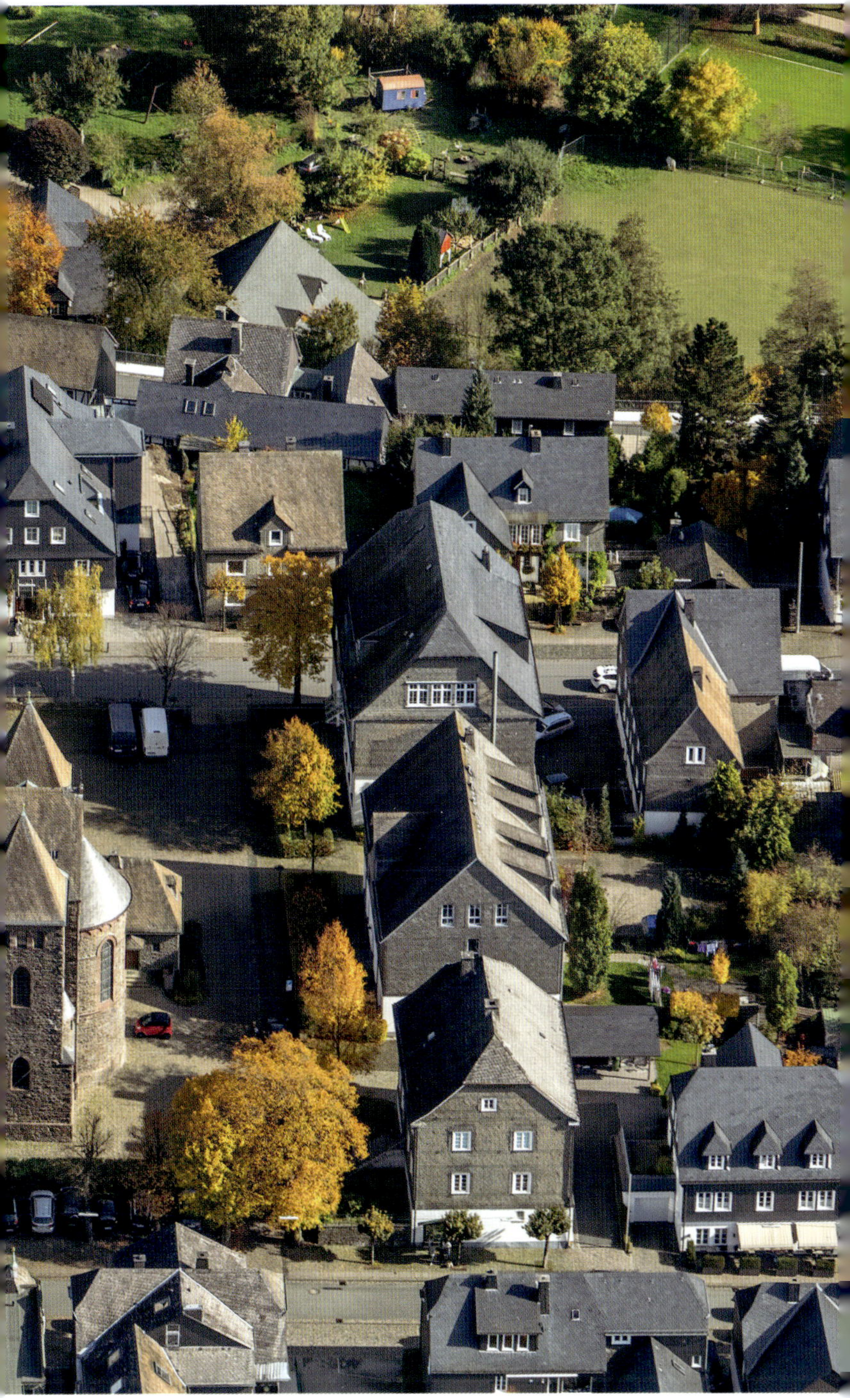

Am Haus des Gastes vorbei erreicht man das **Kloster**, in dem heute eine Fachklinik untergebracht ist. Durch ein steinernes Tor biegen wir nach links ab und gehen über das Klostergelände bergauf. Oben auf dem Feld genießen wir die schöne Aussicht, bevor wir den ersten Weg nach rechts nehmen und mit Blick auf den Wilzenberg und auf Schmallenberg leicht bergab wandern. In den im spitzen Winkel nach links abgehenden Wanderpfad biegen wir ein. Auf gleicher Höhe führt der sehr schöne und mit dem Zeichen des **Waldskulpturenwegs** gekennzeichnete Weg oberhalb von mehreren Teichen in das liebliche Tal hinein. Von hier aus kann man schon die Töne hören, die die Klanginstallation „Über den Teichen" auf der anderen Talseite erzeugt. Den Markierungen des Waldskulpturenwegs folgen wir bis zum Schmallenberger Friedhof. Dahinter wenden wir uns nach links und erreichen wieder den Kurpark, wo sich unsere Runde schließt.

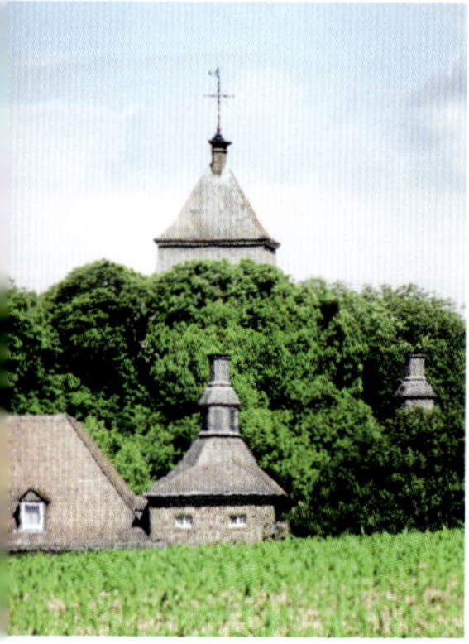

Klostertürme in Grafschaft

TIPP

WaldSkulpturenWeg

Zehn Skulpturen namhafter Künstler auf einer Strecke von 23 Kilometern in die Landschaft und die Nachbarregionen Sauerland und Wittgenstein eingezeichnet: Wer den gesamten Waldskulpturenweg, den wir auf dieser Runde nur streifen, von Bad Berleburg bis Schmallenberg oder umgekehrt erwandern möchte, kann samstags den Wanderbus benutzen. Um 10 Uhr fährt das Wandertaxi vom Touristikzentrum Schmallenberg nach Bad Berleburg und zum Wanderparkplatz Trufterhain. Von Bad Berleburg startet das Taxi um 10.30 Uhr am Schlosstor.

Für Besitzer der Schmallenberger Sauerland Card ist die Fahrt frei, ansonsten kostet sie 10 Euro pro Person. Anmeldung erforderlich bis 17 Uhr am Freitag unter 02972/974018 (Schmallenberg) oder 02751/93633 (Bad Berleburg). Informationen findet man unter **www.waldskulpturenweg.de**

Die historische Altstadt Schmallenbergs

Zwei Stunden. Länger brauchte das Feuer nicht, um am 31. Oktober 1822 Schmallenberg fast komplett zu zerstören. Eine Katastrophe, von der sich die Schmallenberger allerdings nicht unterkriegen ließen. Schon im selben Jahr begannen sie mit dem Wiederaufbau, und sie orientierten sich dabei an bis heute sichtbaren klassizistischen Architekturidealen: Wichtigstes Merkmal ist die Achsensymmetrie, getragen von West- und Oststraße. Wer sich die Stadt erschließen möchte, dem sei die Broschüre des Touristenbüros empfohlen und die Rundtour, die an 13 Stationen die Stadtgeschichte erklärt, ergänzt durch die Möglichkeit, per QR-Code weitere Informationen auf das Smartphone zu laden. Die Broschüre zum Rundgang ist auch online abrufbar unter **www.schmallenberg.info**

Interessant

Mit einer Fläche von 303 Quadratkilometern ist Schmallenberg gleichauf mit Münster und hinter Köln die zweitgrößte Flächengemeinde Nordrhein-Westfalens.

Götterdämmerung über Schmallenberg

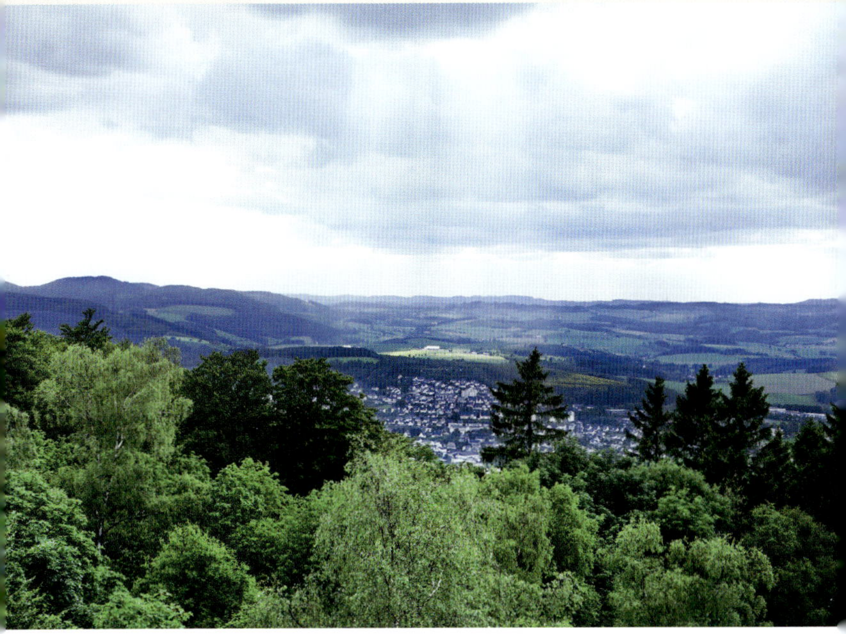

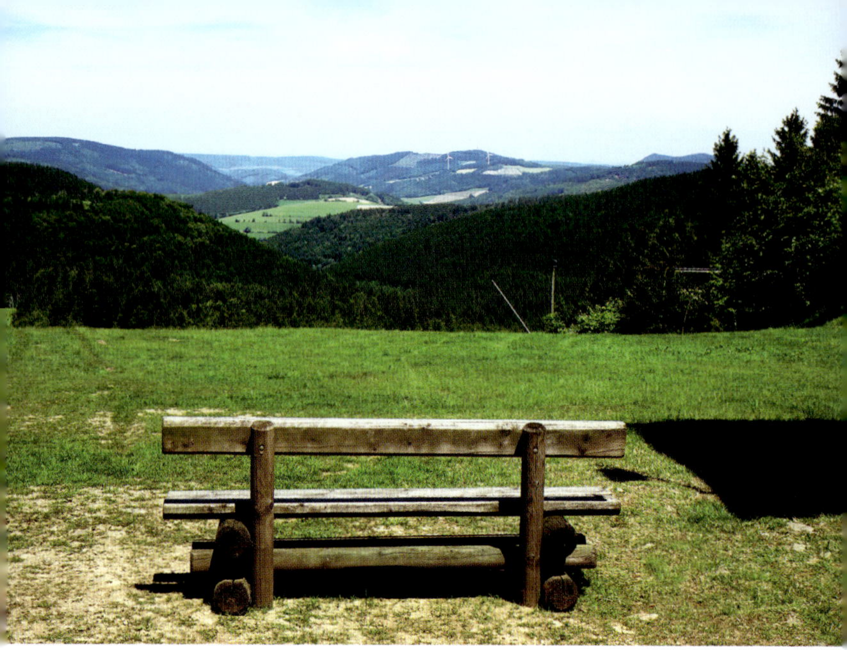

Blick von der Hunau

Unter der weit sichtbaren Landmarke

Rundwanderung über das Hochmoor „Nasse Wiese" zum Hunau-Turm

Tour 3

3:30 Std	11,8 km	leicht	252 m

Start / Ziel: Wanderparkplatz „Unterm Nonnenstein", Hunauer Straße zwischen den Schmallenberger Ortsteilen Osterwald und Bödefeld

Wegbeschaffenheit: überwiegend breite Forstwege

Auf- und Abstieg: 326 Meter

Kondition: mittel

Ausrüstung: Wanderschuhe oder Turnschuhe, Proviant und Getränke

Zwischenziele: 1. Heide „Nasse Wiese" (Highlight) / 2. Grab der Hündin Isolde von der Hunau / 3. Irreplatz / 4. Hunau-Turm

Abstecher: Hollenhaus

Er ist eine der weithin sichtbaren Landmarken im Hochsauerland: Der 173 Meter hohe Fernmeldeturm auf der Hunau, dessen Spitze höher ist als alles andere im Sauerland. Zwar nicht dort hinauf – der Turm ist nicht zugänglich – aber doch an seinen Fuß führt diese Rundwanderung aus dem Hollental bei Bödefeld. Und von hier aus kann man bei einer Rast eine schöne Aussicht genießen. Ansonsten ist der Bergrücken der Hunau fast überall bewaldet, und nur hin und wieder hat man Fernsicht – dann allerdings richtig! Aber wer braucht schon Fernsicht, wenn der Wald so schön ist wie hier oben? Ein weiteres Highlight dieser leichten Runde ist das mehr als 8000 Jahre alte Hochmoor „Nasse Wiese“, eine echte Rarität im Sauerland. Auf bequemen Wegen mit moderater Steigung führt die Tour bis zum höchsten Punkt der Hunau auf 818 Metern, und auch bergab stellt sie keine größere Herausforderung dar, sodass sie sich bei jedem Wetter gut gehen lässt. Außer bei Schnee, denn die Route kreuzt den Bödefelder Skihang.

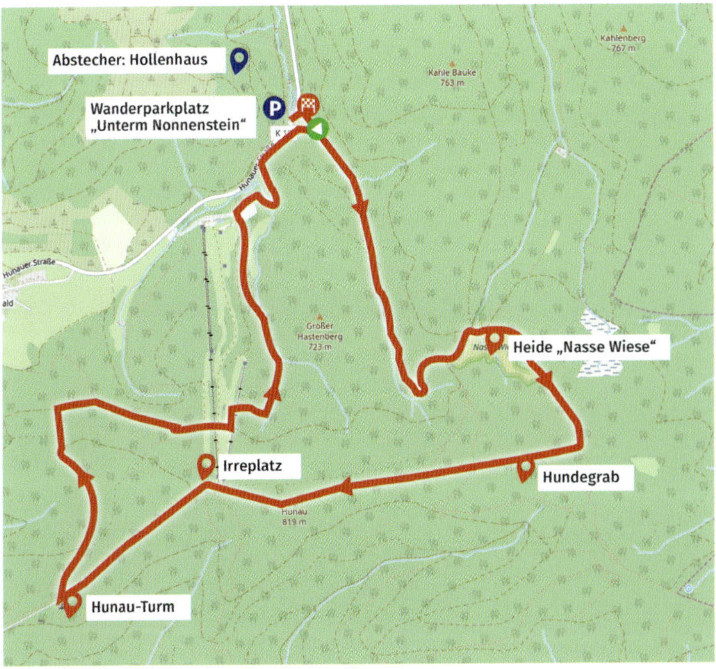

WEGBESCHREIBUNG

Direkt gegenüber dem Wanderparkplatz führt eine Fußgängerbrücke über einen Bach. Der Weg führt auf dem **B4** parallel zur Straße bis zur nächsten Brücke, hinter der wir auf einen Schotterweg nach rechts einbiegen. Schon kurz darauf erreichen wir eine Abzweigung, wo der B4-Rundweg in beide Richtungen gegangen werden kann. Unsere Runde führt geradeaus und stetig leicht steigend immer links des Kietelsiepen-Baches zunächst durch sehr schönen Mischwald. Wo der Wald endet und in einen Fichtenforst übergeht, kann man den Unterschied sehr gut erkennen, der insbesondere darin besteht, dass unter den Fichtenmonokulturen fast gar nichts mehr wächst, was Pflanzen oder Tieren einen Lebensraum bieten könnte.

Alle Abzweigungen nach rechts ignorieren wir, bis wir das **Hochmoor „Nasse Wiese“** errei-

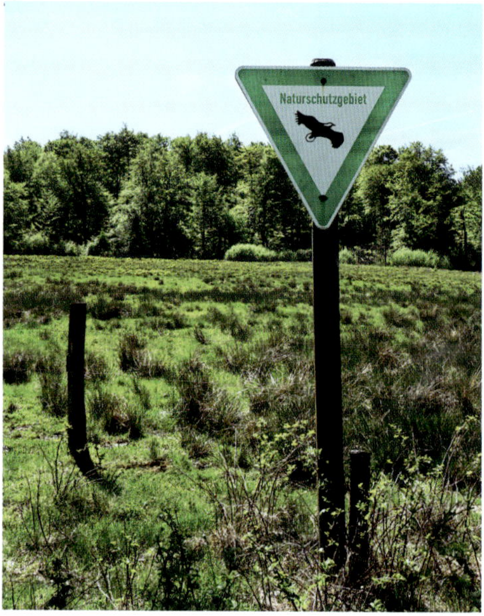

Naturschutzgebiet
Nasse Wiese

chen. An einer Kreuzung mit Picknickplatz und Informationstafeln biegen wir nach rechts ab und gehen weiter am Moor entlang. An der nächsten Abzweigung kann, wer möchte, zu dem zweiten Hochmoor, dem **„Rauhen Bruch"** abzweigen. Wir gehen allerdings dem **B4** weiter folgend geradeaus bergan, bis wir an eine Wegkreuzung kommen, an der wir nach rechts abbiegen.

Wir kommen an dem **Grab der Hündin Isolde von der Hunau** vorbei, deren Herrchen, der örtliche Förster, ihr hier vor mehr als 80 Jahren ein bleibendes Denkmal schuf.

Auf einem sehr geraden, nur noch ganz leicht welligen Weg wandern wir auf dem Hunau-Rücken bis zu seiner höchsten Stelle auf 818 Metern Höhe. Hin und wieder eröffnen sich nach links weite Aussichten, ansonsten genießt man hier oben einfach den Wald und im Sommer Blaubeeren in Massen.

An der „Wachshütte" erreichen wir eine im Winter bewirtschaftete Hütte oberhalb des Bödefelder Skiliftes. Hier verlassen wir den

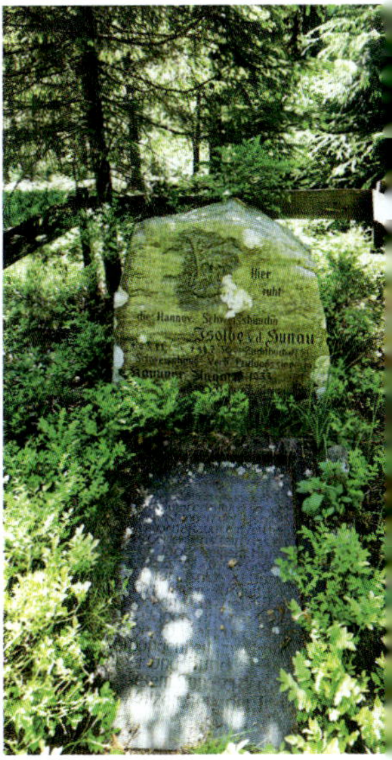

Das muss ein toller Hund gewesen sein

WANDER HIGHLIGHT

Hochmoore – 8000 Jahre alt

Die Vegetation auf dem Hunau-Rücken ist mit seinen Buchenmischwäldern und Schluchtwäldern ohnehin besonders. Zusätzlich hat er eine echte Rarität zu bieten, nämlich die Hangquellmoore „Nasse Wiese", an dem die beschriebene Runde vorbeiführt, und „Rauhes Bruch". Torfmoose wachsen in den feuchten und nährstoffarmen Senken. Sie sorgen für eine sauerstoffarme und saure Umgebung, in der abgestorbene Pflanzenteile nicht vollständig zersetzt werden. Über die Jahrhunderte entsteht so eine Torfdecke – ein einzigartiger Lebensraum für Pflanzen wie die Moosbeere, den Fieberklee oder Wollgräser, die im Hochsauerlandkreis nur hier existieren können.

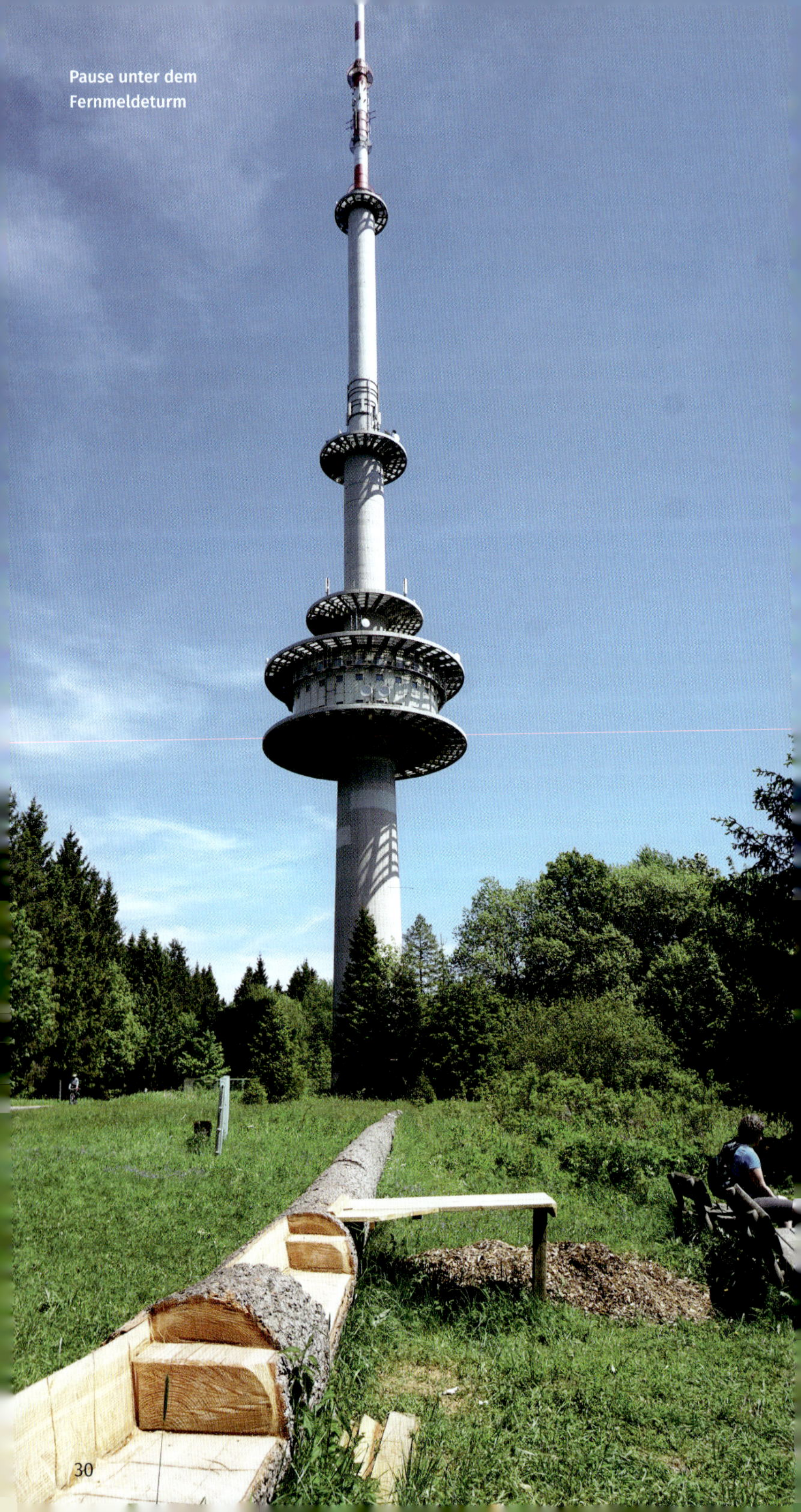

Pause unter dem Fernmeldeturm

B4, der über den Skihang talabwärts verläuft. Stattdessen gehen wir am **„Irreplatz“** vorbei auf dem breiten Weg weiter über den Bergrücken bis zum Fuß des Hunau-Turms. Direkt hinter dem Turm lädt ein schöner Picknickplatz zu Rast und Aussicht ein.

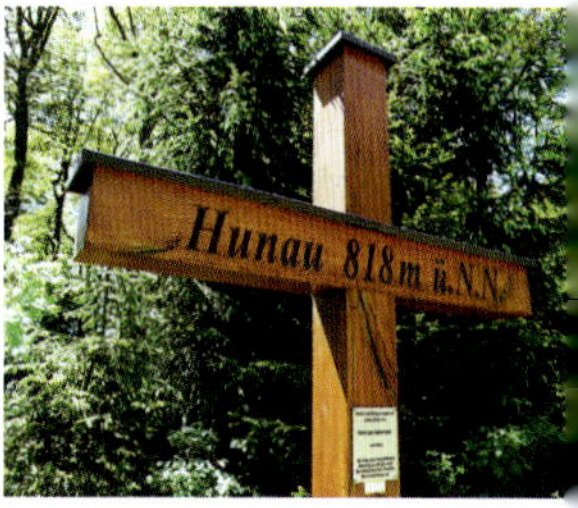

Auch ein 800er: die Hunau

Nach der Rast gehen wir zurück zum Turm, und direkt gegenüber biegen wir in den mit **O2** bezeichneten Wanderweg Richtung Osterwald ab. Wo der **O2** eine Kurve nach links beschreibt, zweigt ein breiter Forstweg nach rechts ab, und in diesen biegen wir ein. Der Weg geht in einer langgezogenen Linkskurve am Hang entlang, bis er die Richtung wechselt. In dieser Rechtskurve zweigt ein etwas älterer, aber gut zu erkennender Forstweg nach links ab und geht wie durch eine Schneise für 200 Meter bergab. Unterhalb erkennt man schon den nächsten Querweg, in den wir nach rechts abbiegen.

Wir erreichen den **Skihang**, queren beide Skipisten und kommen zum zweiten Lift. Dort treffen wir wieder auf den **B4**, der uns unter dem Lift entlang etwa 100 Meter bergab führt. Dann biegt der **B4** nach rechts in den Wald ab, und wir folgen ihm auf einen steilen Bergrücken zu und davor nach links talabwärts.

So erreichen wir den Parkplatz des Skiliftes, an dem wir zunächst links vorbeigehen, um uns dann unterhalb nach rechts zu wenden. Auf diesem weiter mit B4 bezeichneten Forstweg wandern wir weiter, bis wir vor uns die Straße sehen, und biegen davor dem **B4** folgend nach rechts ab. An der nächsten T-Kreuzung schließt sich die Runde, und wir biegen nach links zu unserem Startpunkt ab.

MEIN TIPP

Wie überall im Sauerland führen die Wege an Bachläufen entlang oder kommen an Kneipp-Anlagen vorbei – in diesem Fall befindet sich die nächste vom Parkplatz in Richtung Bödefeld zweihundert Meter entfernt. Es gibt nichts, was erfrischender für müde Wanderfüße wäre, als das: Socken aus und Füße ins Wasser strecken. Deswegen am besten immer ein kleines Handtuch mitnehmen, außen am Rucksack angebracht ist es im Nu wieder trocken.

Abstecher

Die Waldgeister am Hollenhaus

Oberhalb des Wanderparkplatzes verbirgt sich ein besonderer Ort im Wald. Im Hollenhaus haben in früheren Zeiten Wesen gelebt, die den Menschen wohlgesonnen waren. Vor allem den Kindern, so sagt es die Legende, die bis heute in Bödefeld erzählt wird. Die führten nämlich das Vieh in die Nähe der hoch aufragenden Felsen, damit es Futter finden sollte. Und erschraken sehr, als plötzlich die Hollen auf sie zutraten. Doch dafür gab es gar keinen Grund, denn die Wesen waren sehr freundlich zu den Kindern und gaben ihnen Geschenke für ihre armen Familien mit nach Hause – Steine, die wunderlich glänzten und sehr schön anzusehen waren. Doch mit dem wohlwollenden Kontakt zwischen den Kindern und den Hollen war es schnell vorbei, denn was die Kinder da ins Dorf getragen hatten, war pures Gold, und sofort machten sich die Ersten auf, die Hollen zu bestehlen. Doch die Hollen verschlossen die Höhlen, und keiner fand den Weg zurück. Sie selber verließen den Ort und wurden zumindest in dieser Gegend nie mehr gesehen.

Zurück blieb ihr Haus, das bis heute besucht und bewundert wird. Eine kleine Wanderung zu einem besonderen Ort, die sich unbedingt lohnt.

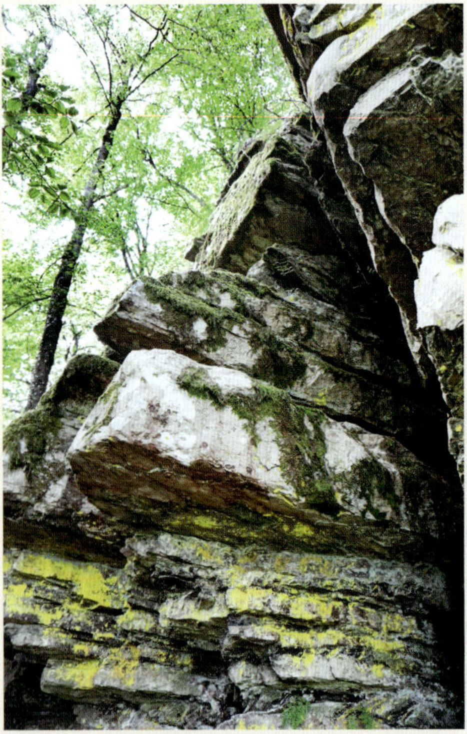

Hier haben sie gelebt, die Hollen

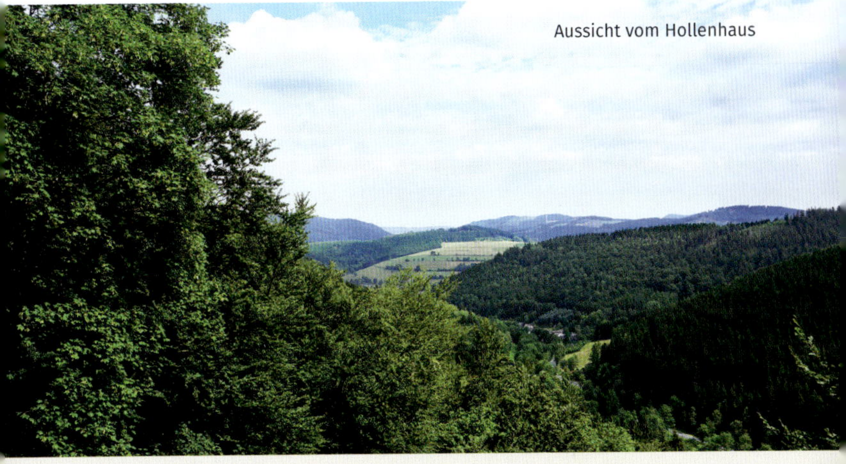
Aussicht vom Hollenhaus

50 Min | 2,6 km | leicht | 114 m

Wegbeschreibung:
Vom Wanderparkplatz aus für wenige Meter auf der Straße Richtung Osterwald gehen, dann im spitzen Winkel nach rechts in den Wald. Auf diesem Pfad wandert man bis zum ersten Querweg, in den man nach links hangaufwärts einbiegt. Schon bald kommt man an einem Täfelchen vorbei, dass die Legende erzählt, und wenn man den Blick hebt, erkennt man im Wald bereits das Hollenhaus.

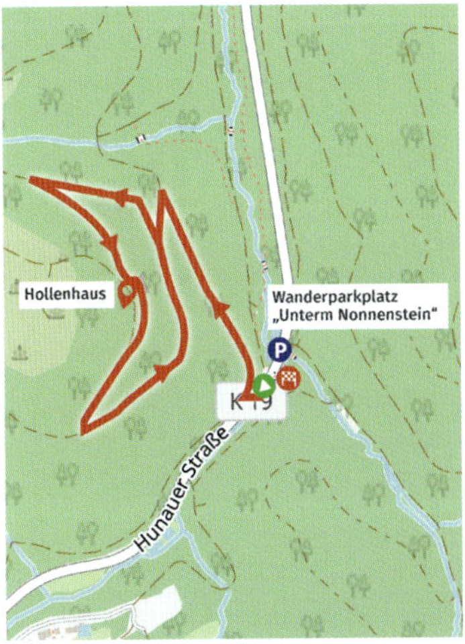

Auf dem Forstweg geht es weiter, bis nach rechts eine Treppe abzweigt und auf einen Pfad führt, der am Hang entlang oben auf die Felsen führt. Hier oben fällt es gar nicht schwer, sich die Hollen vorzustellen, die in diesen Steinen leben.

Weiter geht es auf einem gut ausgebauten Pfad. Man muss einmal rechts und dann links auf den Weg abbiegen, auf dem man gekommen ist. Dann geht es noch einmal nach rechts ab, talwärts Richtung Wanderparkplatz.

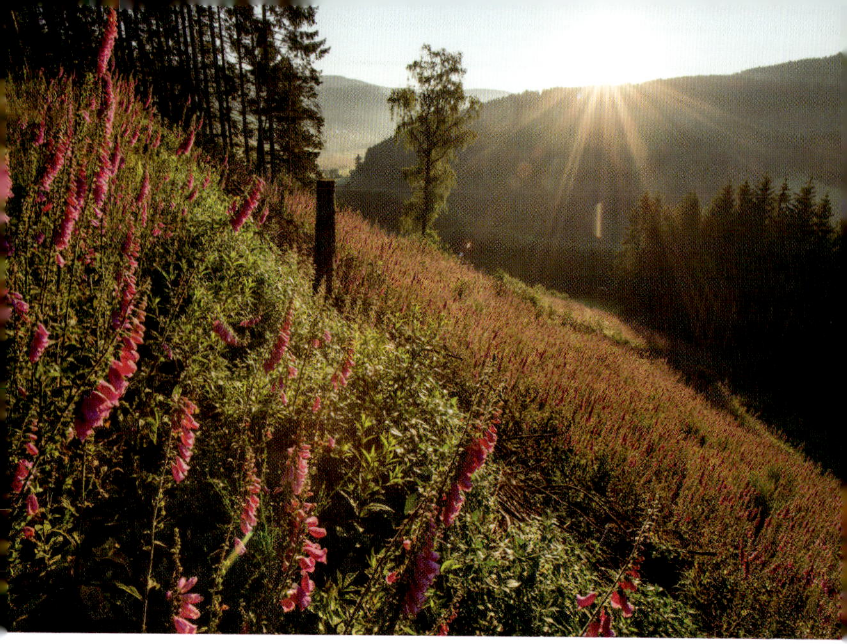

Harmonisches Sorpetal

Berg und Tal in bester Harmonie

Entspannende Rundtour durch das Sorpetal

Tour 4

5 Std | 15 km | leicht | 229 m

Start / Ziel: Wanderparkplatz am Wanderportal in Niedersorpe
Wegbeschaffenheit: überwiegend breite Forst- und Wanderwege
Auf- und Abstieg: 458 Meter
Kondition: schwer
Ausrüstung: Wanderschuhe, Getränke, Insektenschutz
Zwischenziele: : 1. Kunstschmiede Waldemei & Park / 2. Obersorpe und Gasthof „Zur Hohen Hunau“
Abstecher: Schiefermuseum Holthausen

Bei dieser Runde kann man einfach die Seele baumeln lassen. Meistens auf Wegen, die auf halber Höhe ohne große Anstrengungen am Hang entlangführen, eröffnen sich immer wieder neue Perspektiven auf das Tal der Sorpe, auf Felder und Wälder, auf die kleinen hübschen und trotz der beschaulichen Ruhe erstaunlich lebendigen Orte. Es gibt eigentlich nur ein Wort, das dazu passt: Harmonie. Es ist als hätte jemand das Bild komponiert, damit das Auge der Wanderin Ruhe und Erholung empfindet, damit der Wanderer sich einfach wohlfühlt.

Da diese Tour rechts und links des Baches verläuft, lässt sie sich an verschiedenen Stellen verkürzen – oder auch weiter talaufwärts auf dem Sorpetalweg verlängern. Ich empfehle diese Route bis Obersorpe, denn so kann man auf halber Strecke einkehren, und die Runde wird nicht zu lang.

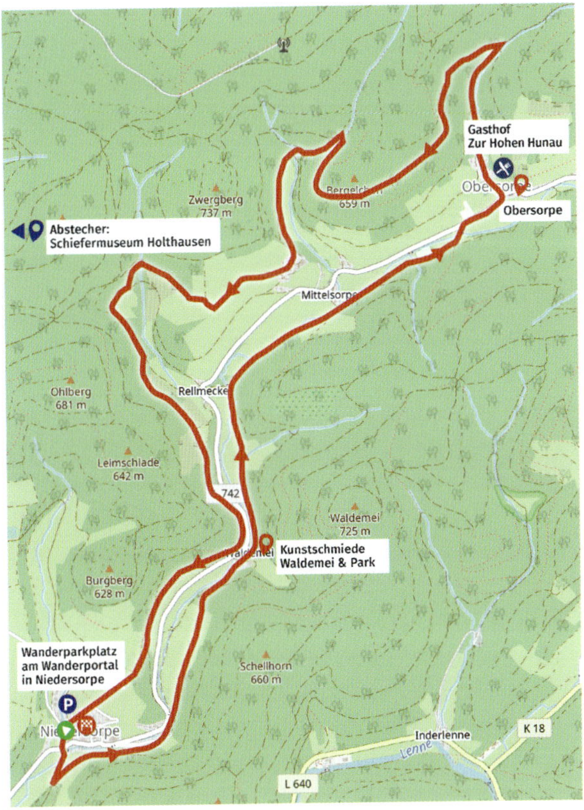

WEGBESCHREIBUNG

EINKEHR AM WEG

Gasthof Wulbeck
Niedersorpe 8, Schmallenberg-Niedersorpe,
Tel. 02975/549.
Geöffnet täglich außer mittwochs ab 17.30 Uhr.

Der Weg quert zunächst die Landstraße und führt auf der anderen Straßenseite über die Brücke auf die südliche Seite der Sorpe. Ein kleines Sträßchen führt bergauf, bis gegenüber einer Garage ein schmaler Wanderpfad nach links am **Friedhof** vorbeiführt. Auf dem Weg, den wir oberhalb erreichen biegen wir nach links Richtung „Sorpetal" ein. Oberhalb des Dorfes wandern wir bei erster Gelegenheit schräg links bergab und kommen durch die letzten Häuser von Niedersorpe. Am letzten Haus auf der rechten Seite verlassen wir die Straße und gehen auf dem Waldweg weiter.

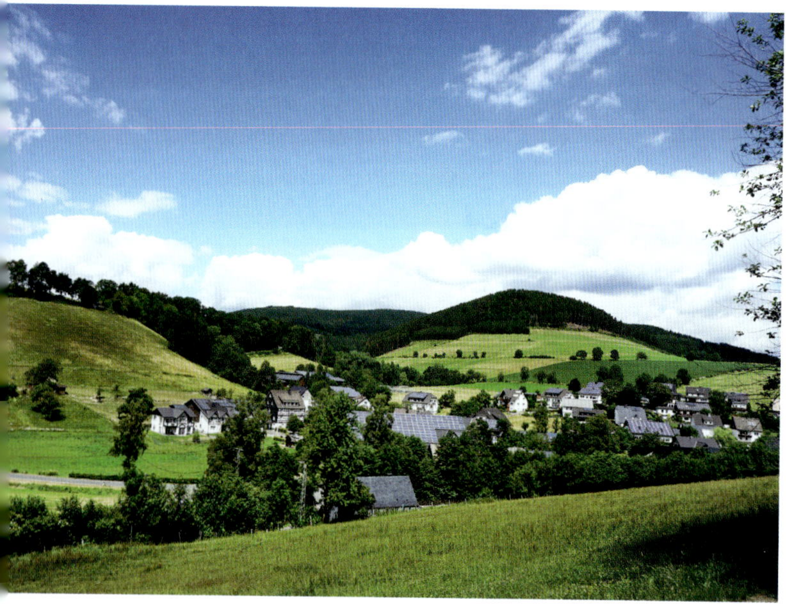

Blick auf Niedersorpe

Den nächsten Querweg passieren wir und gehen hangabwärts auf einem schmalen Pfad bis zum Park der **Schmiede Waldemei**. Links an der Schmiede vorbei wandern wir an Skulpturen und Teichen vorbei nahe am Bach durch das Privatgelände. Danach geht es weiter bis

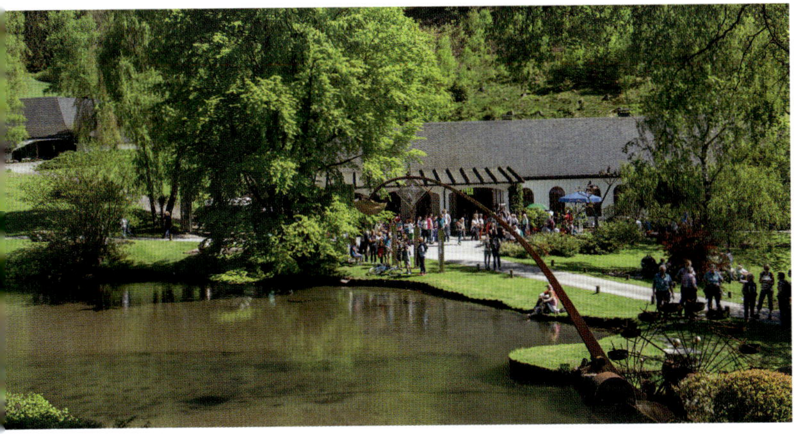

Kunstschmiede Waldemei mit Skulpturen im Park

zur Kreuzung, an der es nach links in Richtung Rellmecke geht. Wir bleiben auf der rechten Seite des Baches und laufen an ihm entlang an Mittelsorpe vorbei und weiter bis zum **Fußballplatz von Obersorpe**. Dahinter nehmen wir an der ersten Kreuzung die Abzweigung nach links, überqueren die Sorpe und wandern unterhalb der Straße zum Dorf.

Noch vor der Kirche überqueren wir die Landstraße und wandern an einem Bach, dem Hunausiepen, entlang bergauf aus dem Dorf hinaus, ungefähr 100 Höhenmeter Richtung Hunaurücken. Das Asphaltsträßchen überquert eine große Kreuzung und kommt bald an Weg-

EINKEHR AM WEG

Gasthof Zur Hohen Hunau
Obersorpe 1, Schmallenberg-Obersorpe, Tel. 02975/541. Geöffnet dienstags bis donnerstags ab 17 Uhr, freitags bis sonntags ab 11 Uhr, Küche von 12 bis 13.30 Uhr und von 18 bis 19.30 Uhr. Montags Ruhetag.

HINWEIS:

Schmieden im Sorpetal

Gleich zwei Kunstschmieden bieten im Sorpetal ihre Werke und einen Einblick in ihre Arbeit an. Durch den Skulpturenpark der Schmiede in der Waldemei führt dieser Wanderweg, sie ist vom 1. April bis zum 31. Oktober täglich außer montags von 11 bis 16 Uhr geöffnet. Tel. 02975/9639200. Die Schmiedewelten Dünnebacke liegen sowohl auf dem Hin- als auch auf dem Rückweg nicht weit von der Hauptroute entfernt in Rellmecke. Tel. 02975/524.

markierungen vorbei, die nach links ins Nichts führen. Diese ignorieren wir und warten, bis an der nächsten Kreuzung die Markierung des **Sauerländer Höhenflugs** nach links in einen breiten Forstweg weisen. Dieser folgen wir nun.

Weiter moderat bergauf führt der breite Weg durch schönen Buchenwald. An der nächsten Y-Kreuzung verlässt uns der Höhenflug nach rechts den Hang hinauf. Hier haben wir den höchsten Punkt unserer Runde auf 653 Metern Höhe erreicht. Wir gehen links Richtung Mittelsorpe und Holthausen nunmehr leicht abwärts an der Kuppe des Bergelchens (659 Meter) entlang.

MEIN TIPP

Wo Wasser ist, ist Leben, wo der Mensch überleben kann, siedelt er auch. Wenn man sich also wirklich komplett verlaufen hat, gilt eine einfache Regel: Immer dem Wasser folgen – es bringt einen früher oder später in Siedlungen. Hier im Sorpetal eher früher als später ...

Wir kommen auf eine sehr große Kreuzung und nehmen den Weg links am Bach entlang bergab. Unten stoßen wir auf mehrere Wege und halten uns dreimal rechts, bis wir auf der gegenüberliegenden Seite des Seitentales rechts der Wiese wieder Richtung Sorpe wandern. An dieser Wiese entlang erreichen wir auf dem unteren Weg bleibend Gehöfte, die zu Mittelsorpe gehören. Wir gehen den Beschilderungen mit dem S in der Raute folgend mit toller Sicht wieder auf das Feld hinaus. Nach einer Rechtskurve wandern wir auf einen Hochsitz zu. Vor diesem Hochsitz zweigt die markierte Route weglos im rechten Winkel nach links ab. Quer über das Feld gehen wir auf den Waldrand zu. Holzpfosten mit Wegmarkierungen weisen dort den schmalen Weg durch den Wald.

An der nächsten Kreuzung gehen wir nach links, überqueren den Bach und folgen der Markierung dann rechts an der Wiese vorbei. Bald geht der mit dem **S** markierte Weg noch einmal den Berg nach rechts hinauf und eröffnet nun sehr weite Sicht in das Tal.

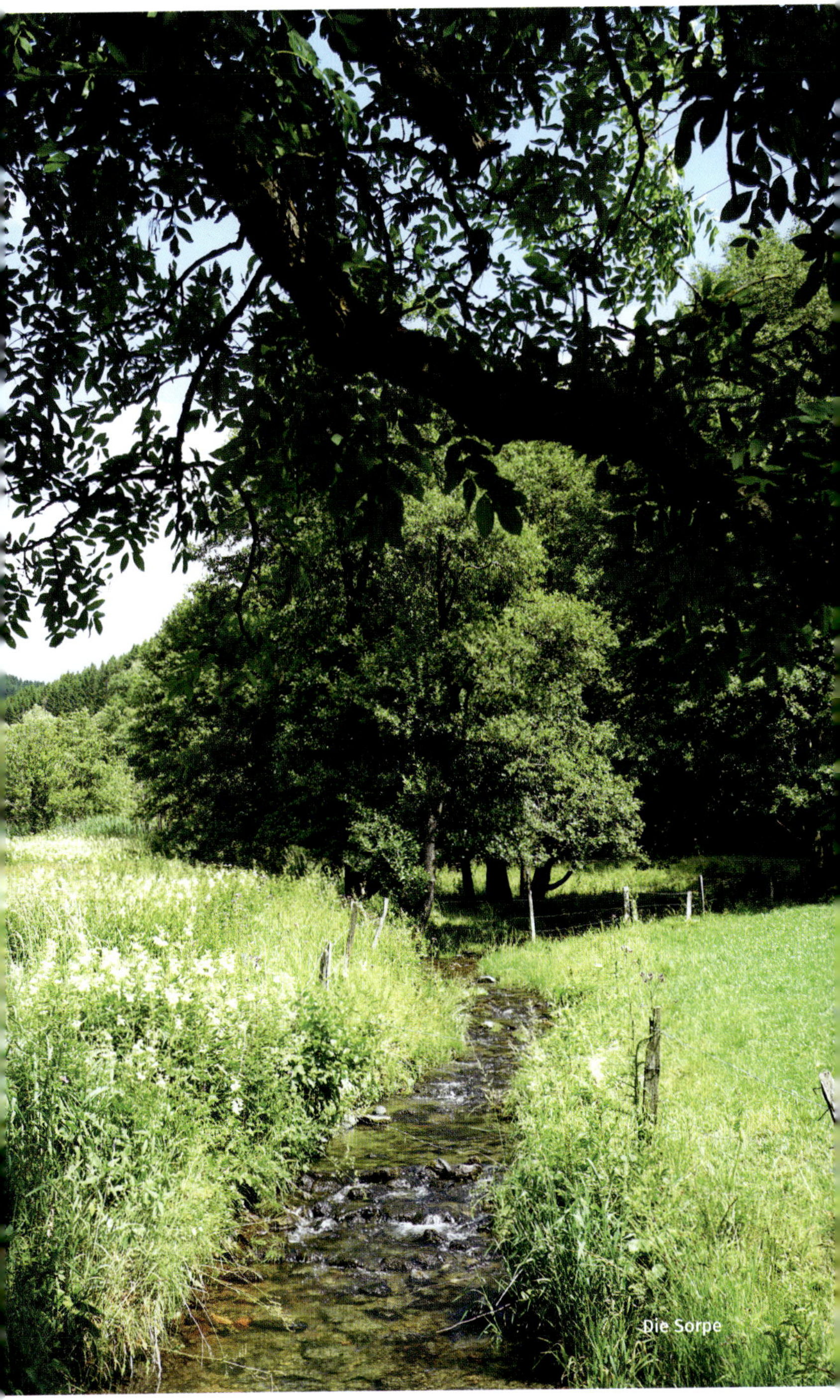

Die Sorpe

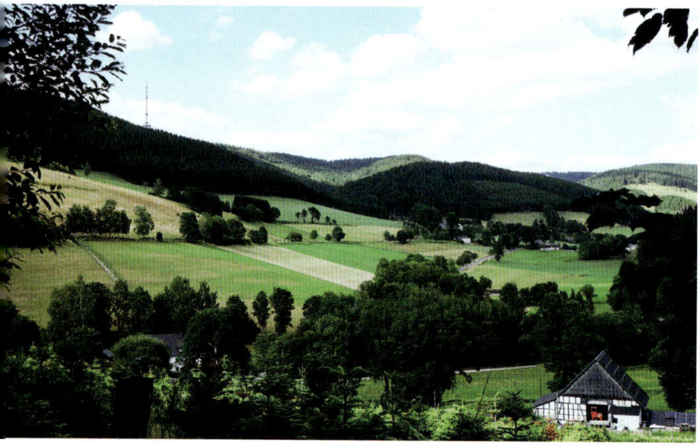

Harmonisches Sorpetal

Wir nähern uns der Straße und gehen gegenüber der Schmiede, durch deren Park wir vorher gewandert sind, rechts weiter auf einem sehr bequemen grasbewachsenen Weg.

An der nächsten Kreuzung entscheiden wir uns für den rechten Weg Richtung Niedersorpe. Er führt uns noch einmal leicht bergauf, sodass wir das Dorf, in dem wir gestartet sind, von oben erreichen.

WANDER-WISSEN:

Rettung in der Not

In vielen Wanderregionen stehen sie inzwischen, die Notrufschilder, die im Falle eines Falles selbst im tiefen Wald helfen, genau zu definieren, wohin Retter denn eigentlich kommen sollen. Im Sauerland hat man eine sehr kluge und gleichzeitig platzsparende Lösung gefunden: Die Schilder sind fast auf jedem der ohnehin schon vorhandenen Wegweiser zu finden. Man muss sich im Notfall also eigentlich nur noch erinnern, wo der letzte Schilderbaum war, und kann die Helfer herbeilotsen.

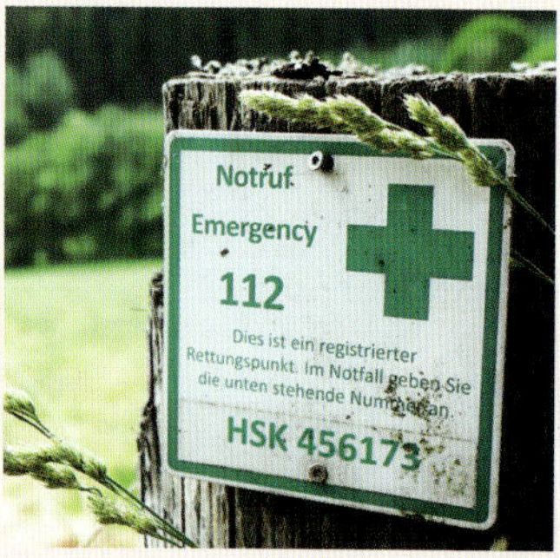

Rettungspunkt

Schiefermuseum Holthausen

Schieferdächer und Schieferverkleidungen sind typisch für das Sauerland. Aber wie wird das Naturprodukt abgebaut, welche Maschinen oder handwerklichen Fähigkeiten braucht es zur Verarbeitung? Das Schiefermuseum gibt Antworten auf diese Fragen und hält außerdem noch viel mehr sehenswerte Exponate bereit: neben volks- und heimatkundlichen Gegenständen beherbergt das Museum mehrere tausend Kunstwerke sauerländischer Künstlerinnen und Künstler. Die „Südwestfälische Galerie" gliedert sich in vier Themenbereiche: sauerländische Landschaften, Menschen, Künstlerreisen und Darstellungen der Lebens- und Arbeitswelt und zeigt Exponate vom 19. Jahrhundert bis zur Gegenwart.

Adresse: Schieferbergbau- und Heimatmuseum Holthausen, Kirchstraße 7 (da es im Stadtgebiet drei Kirchstraßen gibt, ist es besser, im Navigationssystem die Heustraße einzugeben, das Museum befindet sich gegenüber der Kirche),

57392 Schmallenberg-Holthausen
Tel. 02974/6932 oder 6685,
www.museum-holthausen.de

Öffnungszeiten: Mittwochs, freitags und samstags von 14 bis 17 Uhr, sonntags von 10 bis 13 Uhr oder nach telefonischer Vereinbarung.

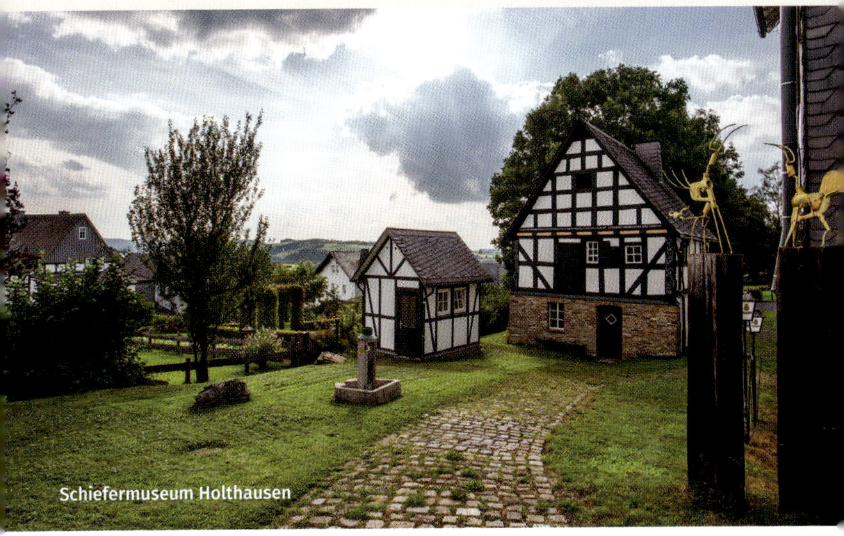

Schiefermuseum Holthausen

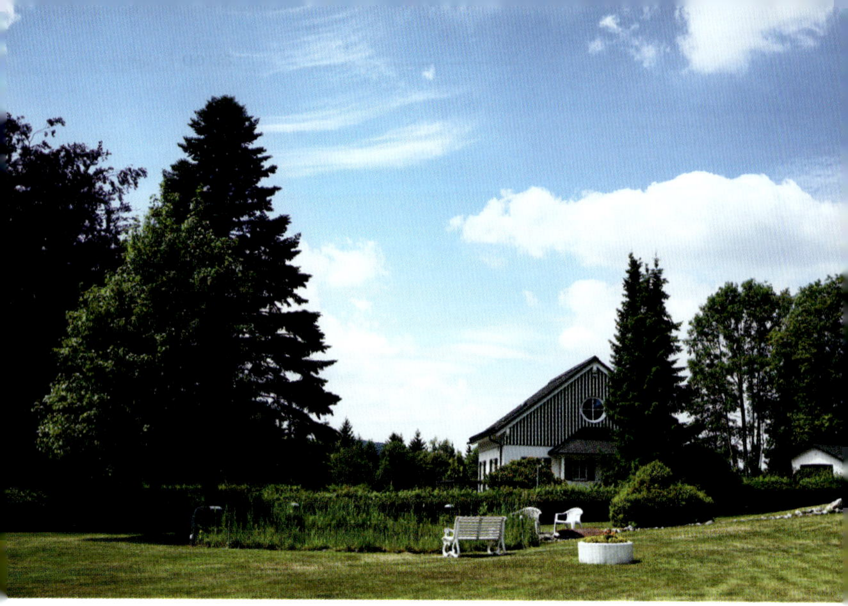

Bergdorf-Idylle

Im Herzen des Rothaargebirges

Latroptal-Jagdhaus-Runde

Tour 5

3:15 Std | 11 km | mittel | 275 m

Start / Ziel: Wanderparkplatz Waidmannsruh, an der Latroper Straße zwischen Fleckenberg und Latrop
Wegbeschaffenheit: breite Forst- und Waldwege
Auf- und Abstieg: 390 Meter
Kondition: mittel
Ausrüstung: Wanderschuhe, evtl. Stöcke
Zwischenziele: : 1. Gasthäuser in Jagdhaus / 2. Waldsofas und Aussichtspunkt / 3. Schutzhütte an der Millionenbank / 4. Köhler-Platz
Abstecher: Waldarbeitermuseum

Er hat es durchaus in sich, der Anstieg aus dem Latroptal bis nach Jagdhaus. Aber dort oben darf sich dann auch tiefe Entspannung breitmachen: Denn hier haben wir die Anstrengung schon hinter uns, zwei attraktive Gasthöfe laden ganzjährig zur Einkehr ein, und die Runde ist kurz genug, sodass man sich hier oben richtig Zeit nehmen und es sich richtig gut gehen lassen kann. Der Rückweg ist zwar ein gutes Stück länger – mehr als zwei Drittel des Weges liegen noch vor uns – aber dafür ist die Runde insgesamt ja nicht sehr lang, und es geht nur noch bergab. Und nur an einer Stelle ist es wirklich steil, nämlich in dem sehr einsamen Bachtal, das hinunter nach Latrop führt. Ansonsten geht es zunächst über den sehr lichten und heiteren Rothaarkamm und dann ab der Millionenbank stetig und moderat bergab. Da wir uns die meiste Zeit im Waldreservat Schanze bewegen, ist das Walderlebnis hier besonders intensiv.

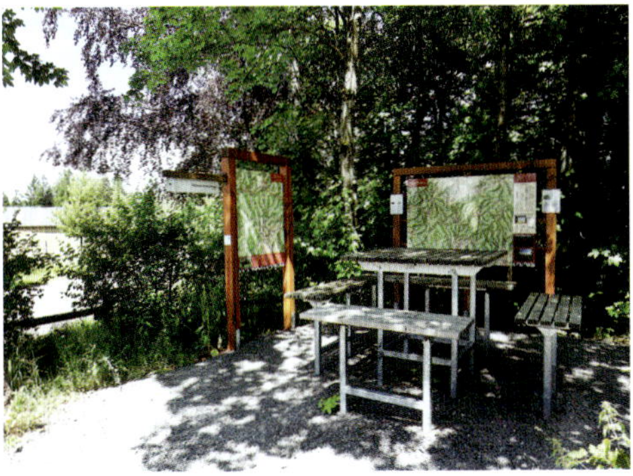

Wanderprotal in Jagdhaus

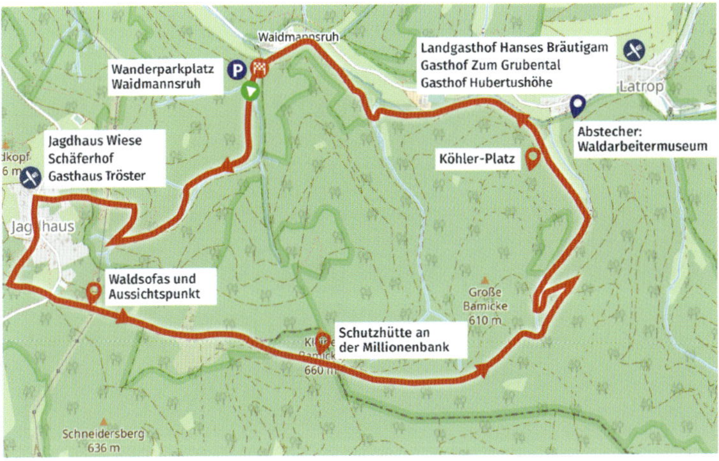

WEGBESCHREIBUNG

Vom Parkplatz an der Trinkwasseranlage geht es ein paar Schritte zurück und über die Brücke, denn diese Runde führt rechts des Baches Ettmecke talaufwärts. Dabei folgt sie dem mit **L3** gekennzeichneten Wanderweg Richtung Jagdhaus. Tief links unter uns begleitet uns die ganze Zeit der Bach und verschafft auch im Sommer Kühlung. Die ist allerdings auch nötig, denn die Steigung, die hier zu bewältigen ist, ist durchaus beträchtlich. Dafür ist der Weg sehr bequem.

An einer großen Kreuzung stoßen vier Wege aufeinander. Wir verlassen den L3, der nach links bergauf führt, und nehmen stattdessen die Forststraße nach rechts, die relativ steil Richtung Jagdhaus führt. An den nächsten beiden Kreuzungen halten wir uns links und unterqueren eine **Hochspannungsleitung**. So erreichen wir eine kleine Asphaltstraße, in die wir für ein paar Meter nach rechts gehen, nur um dann gleich links abzubiegen.

Am Weg

Totes Holz – neues Leben

Es ist gut, wenn der Wald nicht mehr komplett geräumt wird – denn Totholz ist ein wichtiger Lebensraum für zahlreiche Tiere wie Insekten, Vögel und Fledermäuse oder auch größere Säugetiere, für die ein abgestorbener Baum wie ein reich gedeckter Tisch ist. Totholz begünstigt so eine beeindruckende Artenvielfalt – rund 80 Prozent der im Wald vom Aussterben bedrohten Pflanzen- und Tierarten sind auf Totholz angewiesen. Dies nicht zuletzt auch deswegen, weil es ein wichtiger Nährstofflieferant für den Boden ist – aus dem wieder neues Leben erwächst.

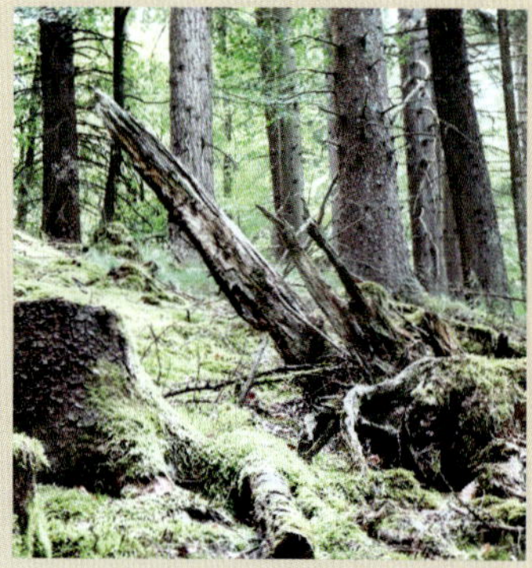

In Jagdhaus treffen wir gegenüber der Bushaltestelle auf die Durchgangsstraße und wenden uns nach links. Direkt hinter dem Gastgarten des **Hotels Jagdhaus Wiese** führt der Wanderweg von der Straße weg. Links auf dem Hügel steht die Kapelle, wir nehmen allerdings den Pfad, der von dem großen Schilderbaum schräg links den Hang hinaufführt. Er ist unter anderem mit J4 markiert. An der nächsten großen Kreuzung biegen wir in den Weg ein, der im spitzen Winkel nach links abzweigt, wandern auf die Straße zu und überqueren diese geradeaus.

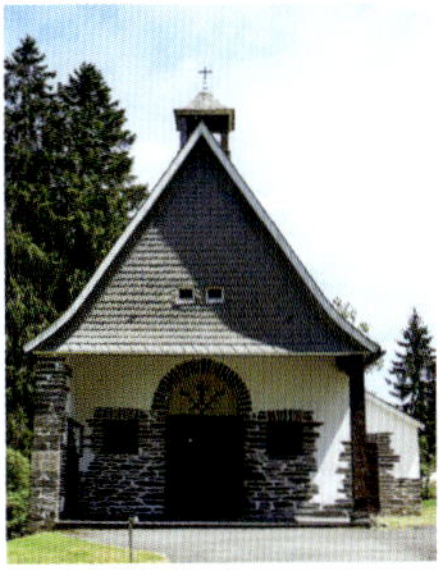

Kapelle in Jagdhaus

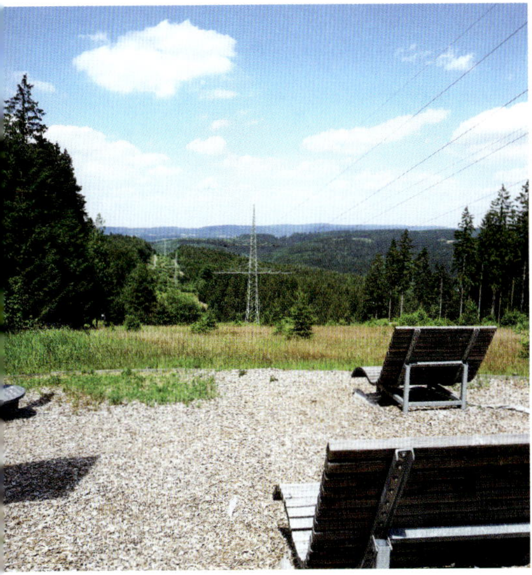

Aussichtsplatz Stromtrasse

Wir befinden uns hier auf dem **Rothaarkammweg**. Bald kommen wir an einen **Aussichtspunkt** mit Schutzhütte und Waldsofas, die quasi direkt unter der Hochspannungsleitung stehen. In der Tat eröffnet die Stromtrasse eine weite Aussichtsmöglichkeit, der Ort fast direkt unter den Masten irritiert jedoch.

EINKEHR AM WEG

in Jagdhaus:

Jagdhaus Wiese
Jagdhaus 3,
Schmallenberg-Jagdhaus,
Tel. 02972/3060.
Restaurant Jagdstube und Gartenterrasse ganztägig geöffnet, warme Küche von 12 bis 14 Uhr und von 18 bis 21 Uhr.

Schäferhof
Jagdhaus 21,
Schmallenberg-Jagdhaus,
Tel. 02972/9639830.
Geöffnet mittwochs bis montags von 12 bis 20 Uhr.
Dienstags Ruhetag.

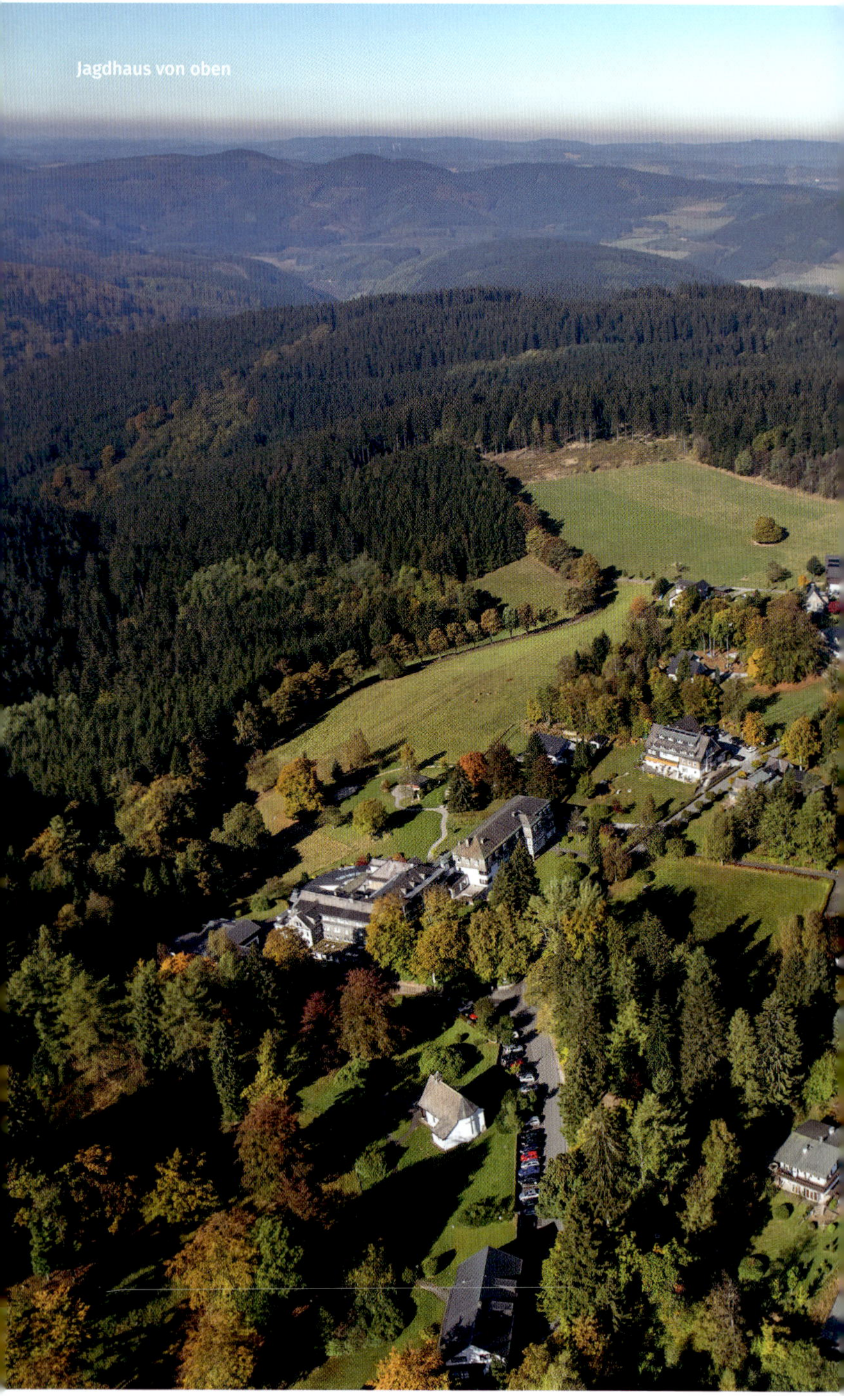
Jagdhaus von oben

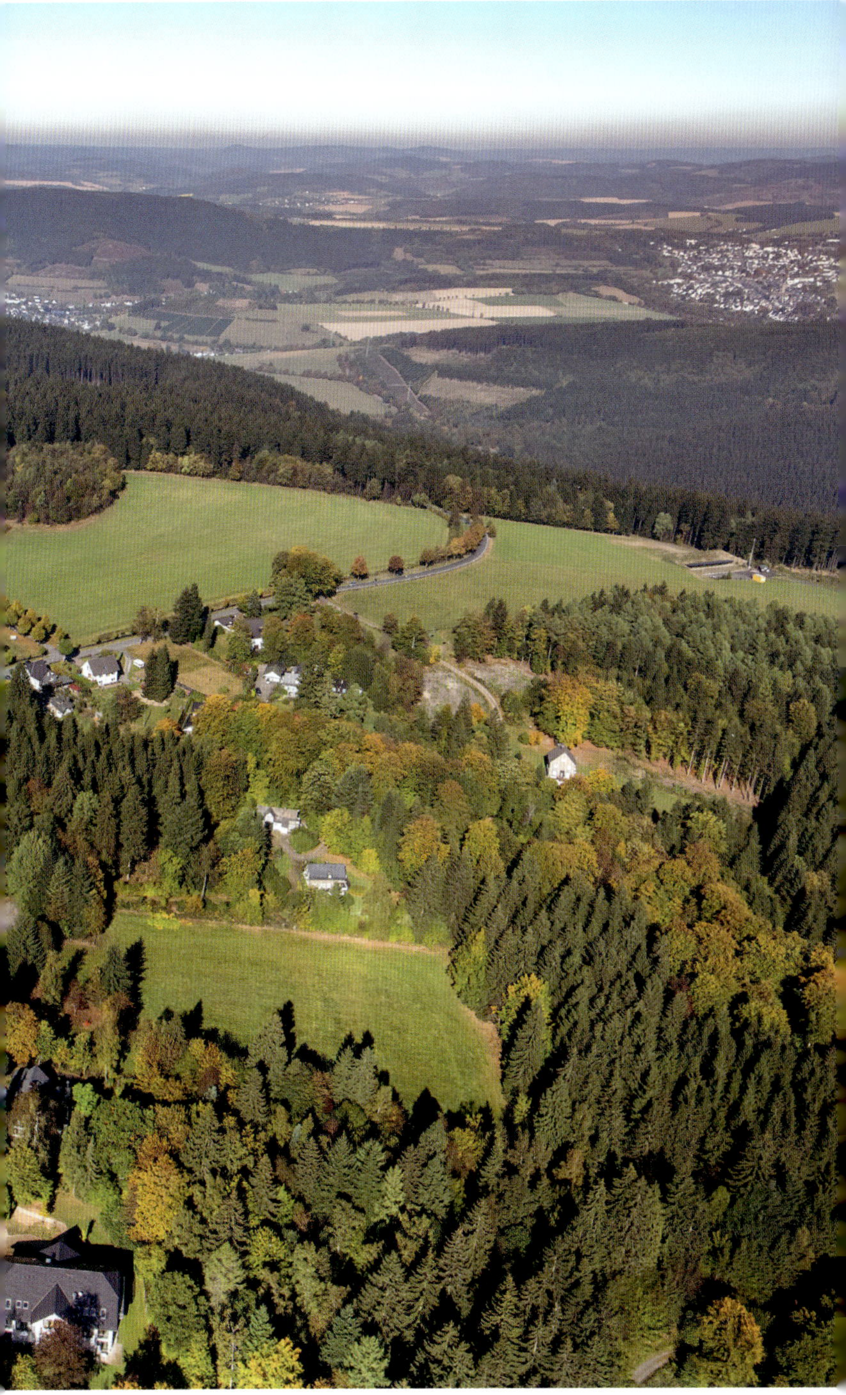

Am Weg

Millionenbank

Heute eine Schutzhütte auf 632 m ü. NN, verdankt ihren Namen der Hyperinflation nach dem Ersten Weltkrieg. 1923 soll hier angeblich eine Buche gefällt worden sein. Ihr Wert betrug Millionen – diese waren aber das Papier nicht wert, auf dem die Geldscheine gedruckt waren. Deshalb machte man aus der gefällten Buche im Handumdrehen eine Sitzbank.

Weiter geht es relativ eben über den lichten Kammweg, der immer wieder vor allem Richtung Norden Ausblicke erlaubt. Durch einen Buchenwald erreichen wir die **Schutzhütte an der Millionenbank**. Nach links durch die Schranke stoßen wir wieder auf den **L3**, in den wir nach rechts in Richtung Latrop einbiegen. Auf einem schönen Weg an vielen alten großen Bäumen entlang wandern wir auf der Talvariante des Rothaarsteigs zunächst leicht bergan, aber bald senkt sich der Weg und geht moderat abwärts.

An einer Kreuzung teilen sich die Wege, die nach Latrop führen, und wir folgen hier der Rothaarsteig-Variante nach links. Fast eben laufen wir ein Stück am Hang entlang und biegen vor dem Bach dem Rothaarsteig folgend nach rechts

Blick aus der Schutzhütte an der Millionenbank

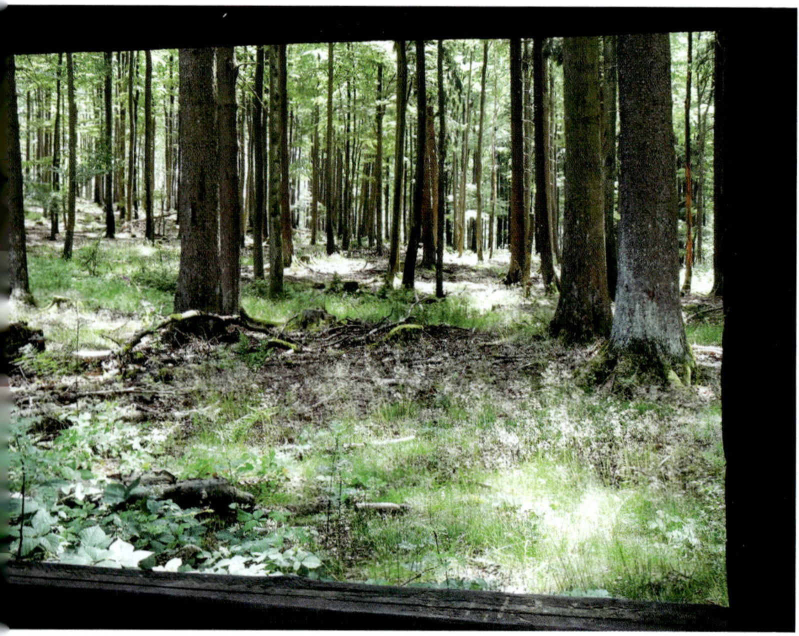

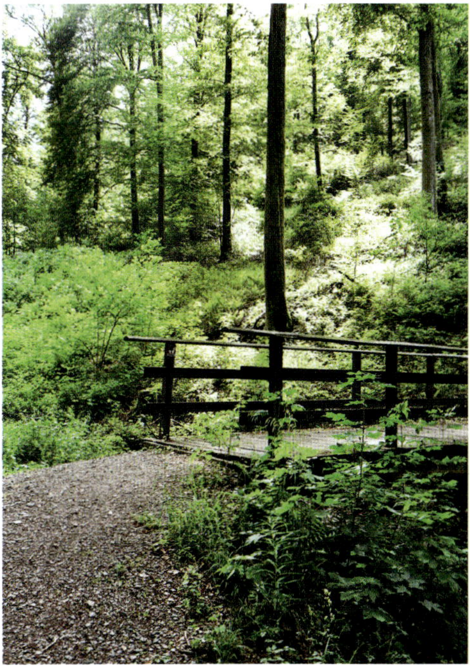

Auf dem Waldarbeiter- und Försterpfad

talwärts ab. Durch das wunderschöne Tal gehen wir nun recht steil abwärts, bis wir links zu einer Brücke abbiegen. Hier schwenken wir auf den **„Waldarbeiter- und Försterpfad"** ein und wandern auf die andere Bachseite. Dafür verlassen wir die Rothaarsteig-Variante, die hier geradeaus weiter dem Bach folgt.

Der schmale Pfad führt uns an einer Wiese vorbei, über die wir auf Latrop schauen können. Der Waldarbeiter- und Försterpfad hält an verschiedenen Stationen Informationen für uns bereit, zum Beispiel an der Schauköhlerhütte. Direkt dahinter bleiben wir an der Gabelung auf dem rechten Weg. Nach rechts gibt es die Möglichkeit für einen schnellen Abstecher

EINKEHR AM WEG

in Jagdhaus:
Gasthaus Tröster
Jagdhaus 7, Schmallenberg-Jagdhaus, Tel. 02972/97300. Warme Küche dienstags bis sonntags von 18 bis 20.30 Uhr, samstags, sonn- und feiertags zusätzlich von 12 bis 14 Uhr. Kaffee und Kuchen von 14.30 bis 17.30 Uhr, Sonnenterasse bei gutem Wetter geöffnet dienstags bis freitags von 14.30 bis 21 Uhr, samstags, sonn- und feiertags ab 12 Uhr.

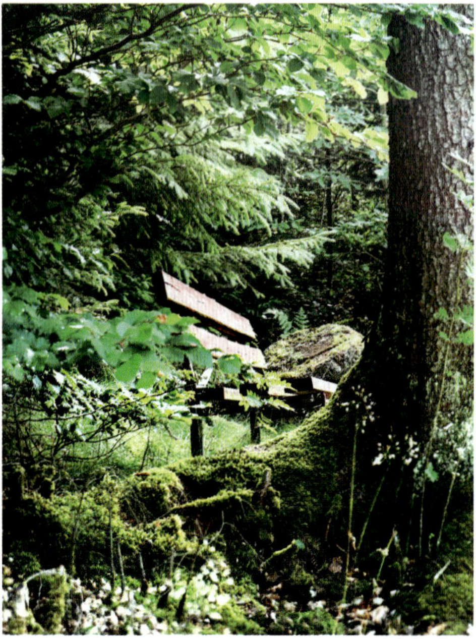

Verwunschenes Plätzchen

EINKEHR AM WEG

in Latrop:

Landgasthof Hanses Bräutigam
Latrop 27, Schmallenberg-Latrop, Tel. 02972/9900. Mittagstisch täglich von 12 bis 14 Uhr, am Abend ist das Restaurant von 18 bis 20.45 Uhr geöffnet. Nachmittags gibt es Kaffee, hausgemachten Kuchen und frische Waffeln.

Gasthof Zum Grubental
Latrop 5, Schmallenberg-Latrop, Tel. 02972/977440. Geöffnet dienstags bis sonntags von 12 bis 13.30 Uhr und von 18 bis 20.30 Uhr. Montags Ruhetag.

Gasthof Hubertushöhe
Latrop 11, Schmallenberg-Latrop, Tel. 02972/97110. Geöffnet täglich bis 19.30 Uhr.

in das **Bundesgolddorf Latrop** und zum kleinen, etwa 300 Meter entfernten Waldarbeitermuseum.

Bald erreichen wir die ersten Wanderschilder Richtung Waidmannsruh, denen wir am Bach entlang bis zum Parkplatz folgen.

TIPP

Rent a Ranger
Zehn Ranger setzt „Wald und Holz NRW“ zur Zeit in Südwestfalen rund um die Premiumwanderwege ein. Sie sind für Wanderer jederzeit ansprechbar und können für geführte Wanderungen und Umweltbildung gebucht werden, sogar ganz spontan direkt am Weg, wenn man einen trifft. Informationen gibt es ansonsten unter der „Ranger-Hotline“ 02972/970255.

Abstecher

Waldarbeitermuseum

Das Bundesgolddorf Latrop und sein kleines Waldarbeitermuseum in der „alten Mühle“ liegen nur wenige Meter von der Rundwanderung entfernt. Neben alten Waldarbeiterwerkzeugen, alten Bildern aus dem Dorfleben ist die Entwicklung der Motorsäge anschaulich dargestellt. Das Museum ist übrigens auch die erste Station des „Waldarbeiter- und Försterpfades“, der auch am Ausbildungsstützpunkt für Forstwirte vorbeiführt. Täglich geöffnet von 9 bis 18 Uhr. Der Eintritt ist frei.

Waldarbeitermuseum in Latrop

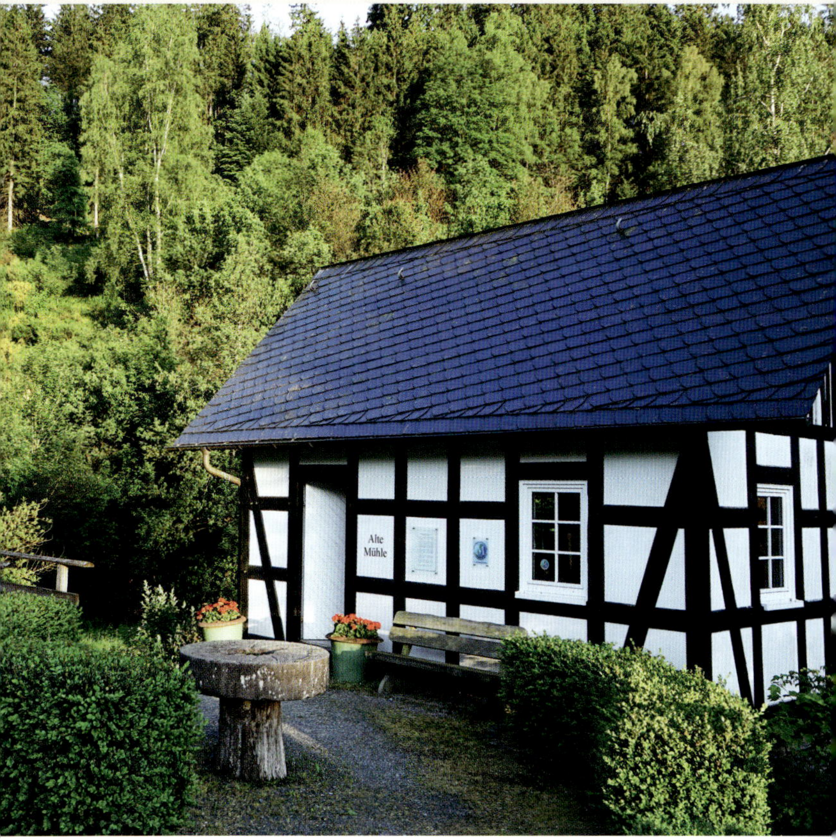

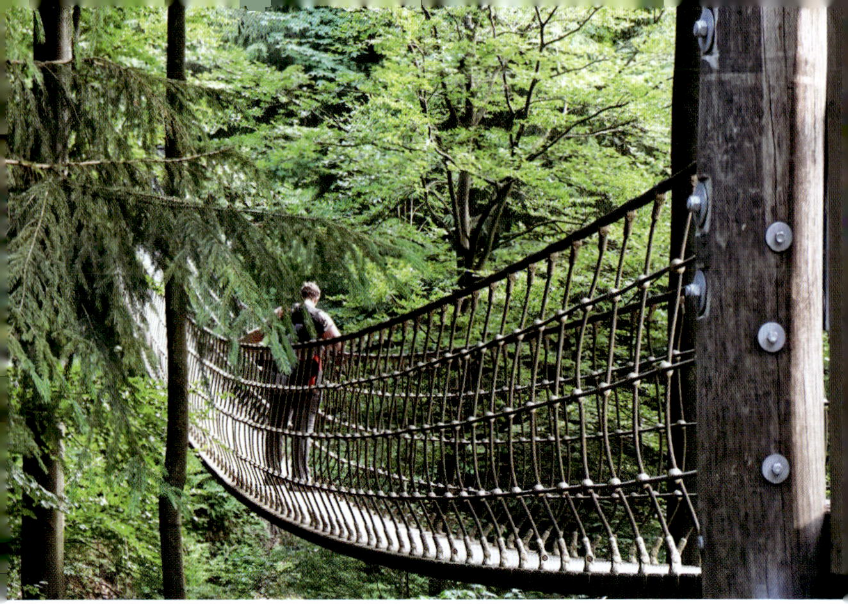

Auf der Hängebrücke

Mystische Natur trifft Naturgewalt und Kultur

Latrop – Schanze – Kyrill-Pfad – Waldskulpturenweg

Tour 6

5:30 Std | 17 km | mittel | 323 m

Start / Ziel: Wanderparkplatz am Ortsende von Schmallenberg-Latrop

Wegbeschaffenheit: breite Forstwege, Asphalt, gute Wanderpfade

Auf- und Abstieg: 542 Meter

Kondition: schwer

Ausrüstung: Wanderschuhe

Zwischenziele: : 1. Schutzhütte an der „Dicken Eiche“ / 2. Altarsteine (Highlight) 3. Kyrill-Pfad (Highlight) / 4. Skulptur „Der Krummstab“ / 5. Skulptur „Kein leichtes Spiel“ / 6. Skulptur „Stein – Zeit – Mensch“ / 7. Hängebrücke 8. Schutzhütte am Zinseseck

Abstecher: Wisent-Welt

Diese Wanderung ist besonders. Das mag daran liegen, dass sie zu großen Teilen an dem naturbelassenen Wald der „Schiefen Wand“ entlangführt – es mag daran liegen, dass die besondere Atmosphäre bis heute spürbar ist, die die Menschen dazu gebracht hat, im Grubental einen Altar zu errichten. Vielleicht liegt es auch an dem freundlichen Ort Schanze, den man auf der Höhe erreicht oder an den schönen Aussichten. Oder es sind die drei Kunstwerke des Waldskulpturenweges, an denen man vorbeikommt, jedes davon sehr eigenständig. Oder es ist die Kombination aus allem, die dazu führt, dass ich bekennen muss: Diese Tour ist eine ganz oben auf meiner – selbstverständlich sehr subjektiven – Wander-Hitliste. Und als wäre das alles noch nicht schön genug, hatte ich kurz hinter Kühhude bei meinem letzten Besuch sogar das Glück, zwei Wisent-Kühe mit ihren drei Kälbern beobachten zu können ...

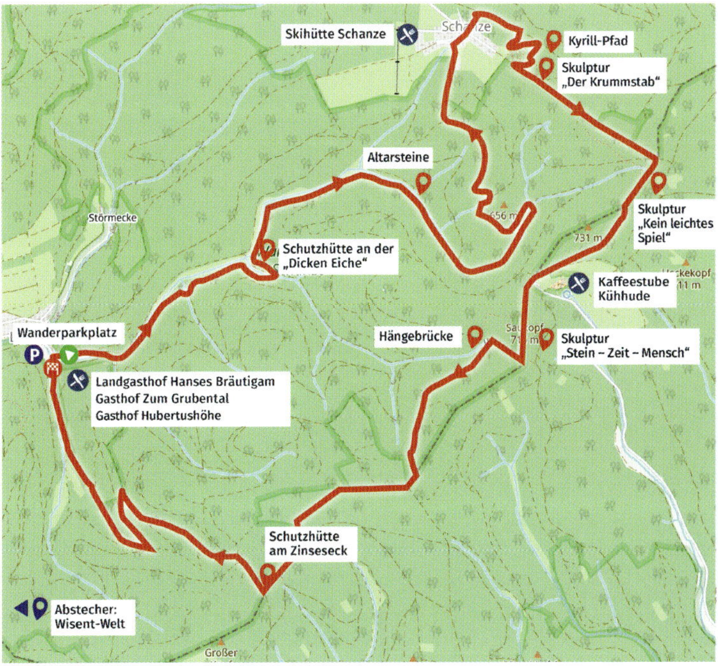

WEGBESCHREIBUNG

Vom hinter Latrop gelegenen Wanderparkplatz führt der Weg an den letzten Häusern des Dorfes vorbei in Richtung Schanze und Altarsteine ins Grubental. Der Weg, den wir heute wählen, liegt weitgehend auf dem **Rothaarsteig**, es handelt sich im Aufstieg um eine weniger frequentierte Talvariante, die aber mit der Markierung des Rothaarsteiges gekennzeichnet ist. Dieser folgend halten wir uns jeweils rechts, bis wir den Bach überqueren und dann auf der rechten Talseite auf einem breiten Forstweg moderat bergauf ins **Grubental** hineinwandern. Der Bach, der zunächst durch ein bewaldetes Tal und bald durch ein Wiesental fließt, bleibt lange links von uns. Von rechts stößt ein weiteres Wiesental dazu, in das wir zunächst hineinwandern, uns immer links haltend überqueren wir den Bach und biegen danach nach links ab, bis wir an einer **Schutzhütte an der „Dicken Eiche"** nach rechts abbiegen und dem Grubental weiter stetig moderat bergauf folgen.

An dem mystischen Ort, an dem früher wahrscheinlich die **Altarsteine** standen und den heute eine barocke Säule mit einem Kreuz schmückt, empfiehlt sich eine Rast. Danach geht es weiter am Bach entlang durch den naturbelassenen wunderschönen Wald, zunächst rechts und dann links des Baches, bis der Weg in einer spitzen Kehre nach links vom Bach wegführt.

An einer **Schutzhütte** nehmen wir den linken Weg und folgen der Markierung bis in den kleinen auf 720 Meter Höhe frei auf einer Kuppe des Rothaargebirges liegenden Ort **Schanze**.

EINKEHR AM WEG

in Schanze:
Skihütte Schanze
Schanze 19,
Schmallenberg-Schanze,
Tel. 02975/400.
Geöffnet dienstags bis freitags von 11 bis 18 Uhr, samstags, sonn- und feiertags von 10 bis 19 Uhr. Montags Ruhetag, außer an Feier- oder Brückentagen.

In Kühhude:
Kaffeestube Kühhude
Tel. 02751/444913.
Geöffnet freitags und samstags von 14 bis 18 Uhr, sonn- und feiertags von 11 bis 18 Uhr.

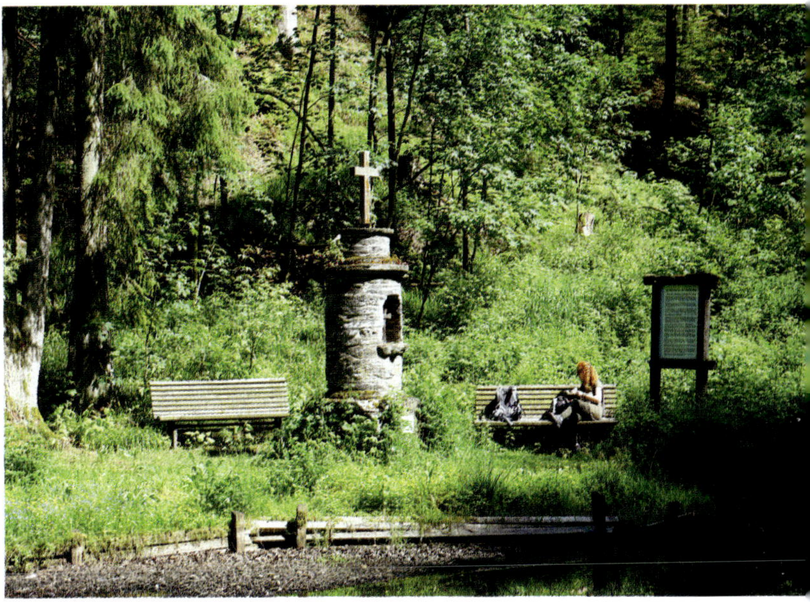

Wanderin an den Altarsteinen

WANDER HIGHLIGHT

Die Altarsteine im Naturwald

Im Sauerland, wo ein Großteil des Waldes aus Fichten besteht, ist dieser Wald eine echte Rarität. Man hat das Gefühl, als hätte jemand seine schützende Hand über ihn gehalten. Und tatsächlich: Als man 1970 nach den Resten natürlicher Wälder in der Region suchte, stieß man auch auf die „Schiefe Wand". Seitdem ist der rund 240.000 Quadratmeter große Wald als „Naturwaldzelle" ausgewiesen, die Nutzung wurde komplett eingestellt – und auf dieser Wanderung kann man ihn in seiner Ursprünglichkeit erleben.

Es verwundert nicht, dass sich die Erzählung erhalten hat, dass im Tal des durch die Waldzelle fließenden Schladebaches noch vor der Christianisierung ein Altarstein gestanden habe und dass es Wächter gab, die die heilige Stätte vor Eindringlingen geschützt haben. Es ist ihnen ganz offensichtlich gelungen!

Heute steht an dieser Stelle eine barocke Gedenksäule, die wahrscheinlich anlässlich der Neugründung des Weilers Latrop um 1740 errichtet wurde. Frische Blumen und Kerzen künden davon, dass dieser Ort für viele bis heute eine mystische Kraft besitzt.

Oben überqueren wir die Straße und gehen über einen Parkplatz am Schilderpfahl vorbei in den Wald. Informationstafeln erklären die hier sichtbaren alten Schanzen. Bald quert ein **breiter Forstweg**, in den wir nach rechts einbiegen.

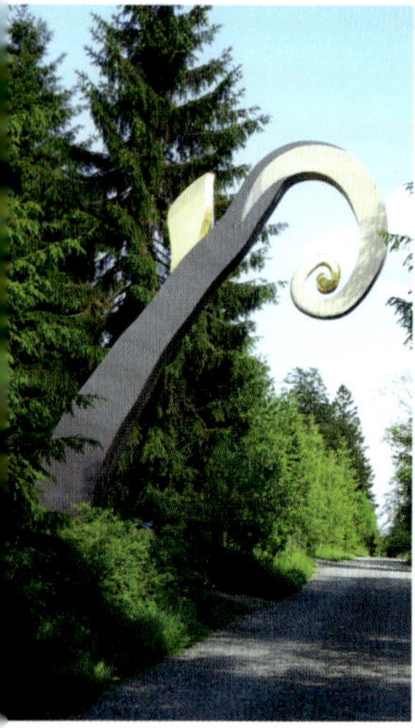

Auf dem Waldskulpturenpfad

Nach 300 Metern weist ein Schild nach rechts zum **Kyrill-Pfad**. Zwischen umgestürzten Fichten schlängelt sich dieser Weg, auf dem man die Wucht des Sturmes von 2007 erahnen kann und ein Bild der Verwüstung bekommt, die er angerichtet hat. Wenn man den ausgeschilderten Nebenausgang nimmt und sich auf dem breiten Forstweg nach links wendet, kommt man nach wenigen Metern an dem zum **Waldskulpturenweg** gehörenden **Kunstwerk „Der Krummstab“** vorbei.

Geradeaus geht es weiter bis zu einer großen Kreuzung. Dort stößt der Weg auf die Hauptroute des Rothaarsteigs und biegt im rechten Winkel nach rechts ab Richtung **Kühhude**. Wir befinden uns hier auf dem historischen Grenzweg, der heute noch den Hochsauerlandkreis vom Kreis Siegen-Wittgenstein trennt. In Kühhude angekommen geht es am Parkplatz vorbei und auf der anderen Seite geradeaus weiter über

WANDER HIGHLIGHT

Kyrill-Pfad

Es war ein heftiger Sturm, der in der Nacht zum 19. Januar 2007 im Sauerland gewaltige Waldschäden verursachte und das Gesicht der Gegend für lange Zeit veränderte. Alleine im Hochsauerland fielen ihm vier Millionen Festmeter Holz zum Opfer. In der Nähe von Schmallenberg-Schanze haben Ranger des Landesbetriebs Wald und Holz NRW den Kyrill-Pfad geschaffen. Er führt durch eine Fläche, die nach dem Sturm so blieb, wie er sie durcheinandergewirbelt hatte – abgesehen von dem teils über Holzbohlen führenden Pfad. So bleibt die Naturgewalt dieses Orkans bis heute erlebbar und sichtbar. Der Landesbetrieb bietet geführte Wanderungen an: Forstamt Oberes Sauerland, Tel. 02972/97020.

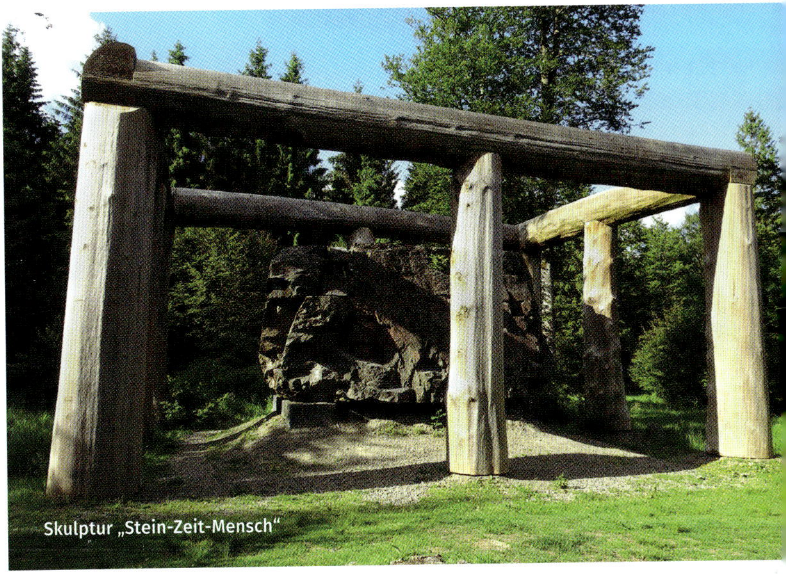

Skulptur „Stein-Zeit-Mensch“

den Saukopf (715 Meter). Das **Kunstwerk „Stein – Zeit – Mensch“** steht ein bisschen zurückgesetzt auf der linken Seite. Kurz danach erreicht man eine Tafel, die den Grenzweg erklärt, und unmittelbar danach zweigt die Route auf einem schmalen Pfad bergabwärts ab. Hier kann man auch geradeaus gehen, da nach 400 Metern der markierte Weg wieder auf den Grenzweg einbiegt. Wer aber Lust hat, einen kleinen

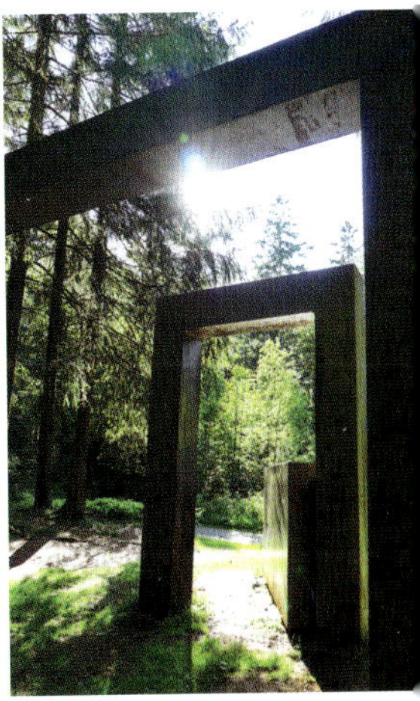

Skulptur
„Kein leichtes Spiel“

TIPP

Waldskulpturenweg

An drei der zehn Kunstwerke, die auf dem Waldskulpturenweg von Bad Berleburg nach Schmallenberg erwandert werden können, führt diese Runde vorbei. Ein Wandertaxi bringt Wanderer jeden Samstag von Schmallenberg nach Bad Berleburg und umgekehrt. Informationen siehe Tour 2.

EINKEHR AM WEG

in Latrop:

Landgasthof Hanses Bräutigam
Latrop 27, Schmallenberg-Latrop, Tel. 02972/9900. Mittagstisch täglich von 12 bis 14 Uhr, am Abend ist das Restaurant von 18 bis 20.45 Uhr geöffnet. Nachmittags gibt es Kaffee, hausgemachten Kuchen und frische Waffeln.

Gasthof Zum Grubental
Latrop 5, Schmallenberg-Latrop, Tel. 02972/977440. Geöffnet dienstags bis sonntags von 12 bis 13.30 Uhr und von 18 bis 20.30 Uhr. Montags Ruhetag.

Gasthof Hubertushöhe
Latrop 11, Schmallenberg-Latrop, Tel. 02972/97110.

Abstecher zur Hängebrücke zu machen, folgt hier der Rothaarsteig-Markierung, erreicht einen **Forstweg**, in den man nach links einbiegen muss, und die Hängebrücke. Am Ende des breiten Forstweges geht es auf einem schmalen Pfad recht steil bergauf zurück zum Grenzweg, in den wir nach rechts einbiegen.

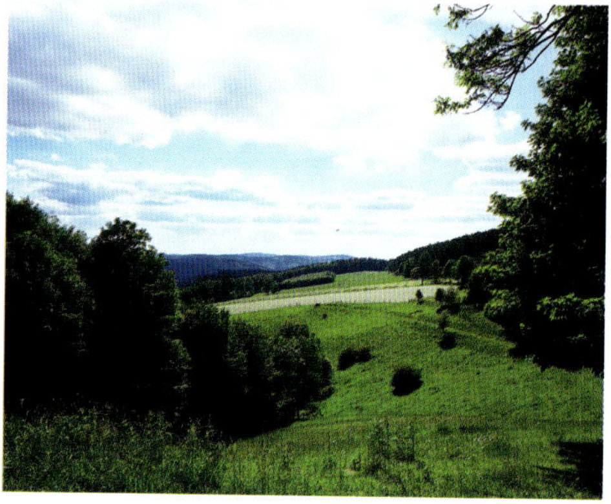

Blick von Schanze Richtung Latrop

Hinter der nächsten **Schutzhütte am Zinseseck** verlässt die Route den Rothaarsteig und zweigt nach rechts ab auf dem mit **X23** markierten Weg Richtung Latrop. An der nächsten Kreuzung geht es für etwa 200 Meter nach rechts weiter, dann zweigt der Weg nach links ab auf einen sehr schmalen Waldpfad, der hangabwärts führt. So stößt man auf einen **Forstweg**, in den man nach links einbiegt und weiter bergab wandert, bis man an einem großen Platz erneut an eine **Schutzhütte** kommt. Dort nimmt man den ersten Weg nach rechts ins Bachtal, den einzigen Weg, der hier weiter bergab und bis nach Latrop führt.

Wisent-Welt

Eines der größten Landsäugetiere misst bis zu 1,9 Meter Höhe und wiegt bis zu einer Tonne. Kommt es erst einmal in Schwung, kann das Wisent eine Geschwindigkeit von bis zu 60 Kilometern in der Stunde erreichen und über Hindernisse setzen, die zwei Meter hoch sind. So wuchtig wie die Tiere, die auf der Wittgensteiner Seite des Rothaarkamms in einem der Fürstenfamilie Sayn-Wittgenstein gehörenden Gelände ausgewildert wurden, ist zwischenzeitlich auch der Streit um sie gewesen. Denn das Projekt war so erfolgreich, dass die Herde sich ausdehnte. Doch bei den Waldbauern auf der anderen Seite der Kreisgrenze haben die Urviecher nicht nur Freunde. Und obwohl die durch die Tiere verursachten Schäden im Wald durch einen Fond ausgeglichen wurden, endete der Streit vor Gericht. Anfang 2019 hat man sich darauf verständigt, das Gebiet durch einen für andere Wildtiere und Wanderer durchlässigen Wildzaun einzugrenzen. Dort – und vor allem in der Bad Berleburger Wisent-Wildnis – wird man die Tiere also weiter beobachten können.

Wistent-Wildnis am Rothaarsteig
Weidiger Weg 100,
57319 Bad Berleburg
Tel. 02751/9205535
www.wisent-welt.de

Geöffnet dienstags bis sonntags und feiertags von 10 bis 17 Uhr im Sommer und von 10 bis 15 Uhr im Winter. Hunde dürfen nicht auf das Gelände. Der Eintrittspreis unterscheidet nach Körpergröße: bis 1,50 Meter Größe 3,50 Euro, darüber 5,50 Euro, Staffelungen für Familien.

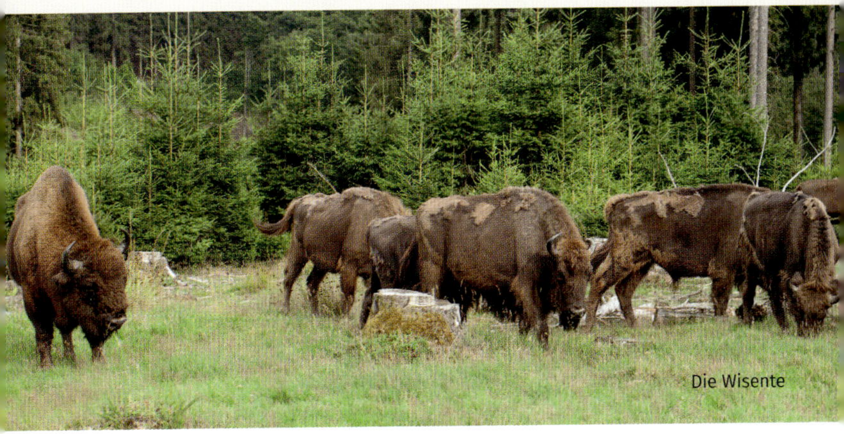
Die Wisente

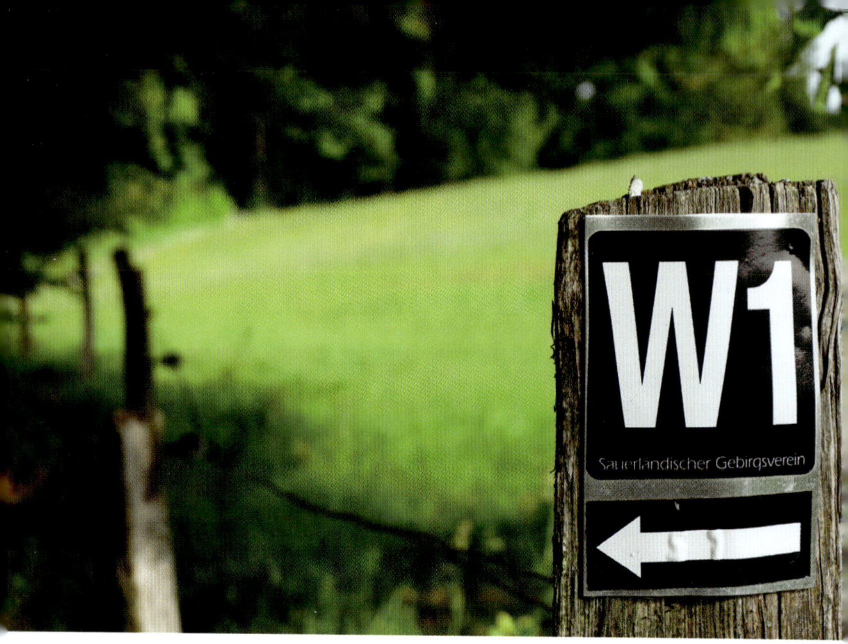

Immer diesem Zeichen nach

Alter Schwede!

Großartige Rundtour von Westfeld über Schwedensteig und Heidenstraße

Tour 7

4:30 Std | 14,6 km | schwer | 303 m

Start / Ziel: Wanderportal Westfeld
Wegbeschaffenheit: Forst- und Feldwege, Wald- und Wiesenpfade
Auf- und Abstieg: 585 Meter
Kondition: schwer
Ausrüstung: Wanderschuhe, ausreichend Proviant und Getränke, Sonnenschutz, evtl. Stöcke
Zwischenziele: 1. Naturschutzgebiet Rehhecke (Highlight) / 2. Hubertusstein (Abkürzung) / 3. Schwedenschanzen / 4. Bauernschänke / 5. Teppichweg

Es ist leider nicht überliefert, ob all die Handelsleute, Pilger oder Napoleons Soldaten ebenfalls Gefallen an der großartigen Aussicht hatten. Freie Sicht werden sie jedenfalls wohl gehabt haben: Denn auch wenn es nicht bewiesen ist, vermuten Forscher, dass der Name Heidenstraße von den vielen Heideflächen stammt, die die Berge hier einst bedeckten. Heute profitieren Wanderer, so seltsam es klingen mag, davon, dass der Orkan Kyrill 2007 das Gesicht des Waldes veränderte. Der Kammweg von Westfeld bis fast nach Altastenberg belohnt so auch heute wieder jeden Höhenmeter mit fantastischer Aussicht. Und wo es für kurze Strecken keinen Fernblick gibt, bieten die Wachholder-Heiden und Hudebuchen Naturphänomene besonderer Schönheit. Als Gegenleistung ist ein bisschen Kondition gefragt, denn um möglichst viele der besonderen Orte an der Strecke zu erreichen, weicht der gut ausgezeichnete Premium-Wanderweg „W1“ keinem Ab- oder Aufstieg aus. Da ist es den müden Beinen willkommen, dass die letzten Meter über den „Teppichweg“ führen. Und dieser Weg hält, was der Name verspricht …

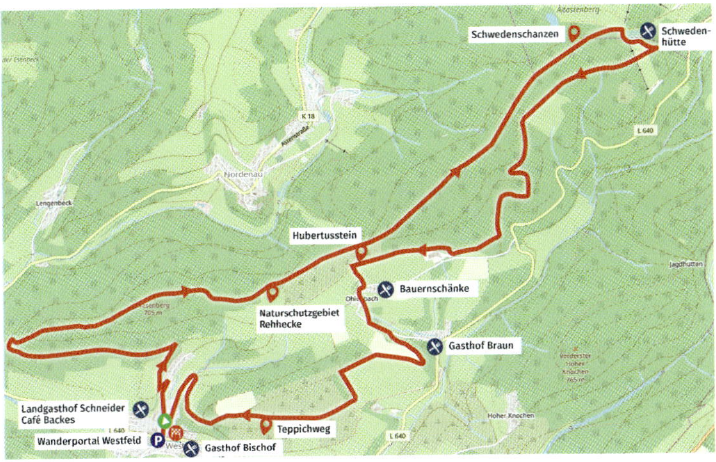

VARIANTE

Abkürzung

Wer nicht die ganze Runde laufen möchte, kann die Strecke am Hubertusstein etwa um die Hälfte abkürzen. Dort nach rechts gehen und an der nächsten Bank den Wiesenweg nach Ohlenbach absteigen.

WEGBESCHREIBUNG

An der Wandertafel gegenüber der **Westfelder Kirche** startet der **W1**, dem wir auf dieser Tour die ganze Zeit folgen werden, und führt über die Astenbergstraße den Berg hinauf. Direkt hinter dem Friedhof zweigt der **Schwedensteig** unübersehbar markiert nach links in den Wald ab. Man hat sofort das Gefühl, von allem weg zu sein, erst recht, wenn man 100 Höhenmeter höher auf einem breiten Forstweg am Hang des Wesenbergs entlangwandert, von dem man die Blicke ins Lennetal und zurück auf Westfeld genießt.

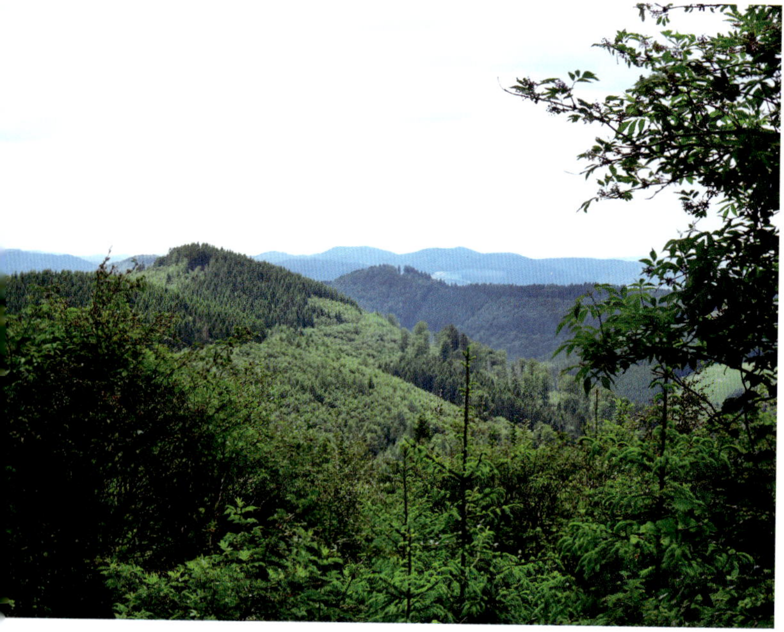

Blick über den Wesenberg-Kamm nach Westen

Nach etwa einem Kilometer zweigt ein Weg nach rechts ab und führt steil bergauf. Nachdem wir einen Querweg gekreuzt haben, führt der W1 auf einem schmalen Pfad über den Kamm des **Wesenbergs** (705 Meter) mit noch beeindruckenderer Sicht nach Süden über das Lennetal und manchmal auch nach Norden, wo man den Hunau-Turm sehen kann.

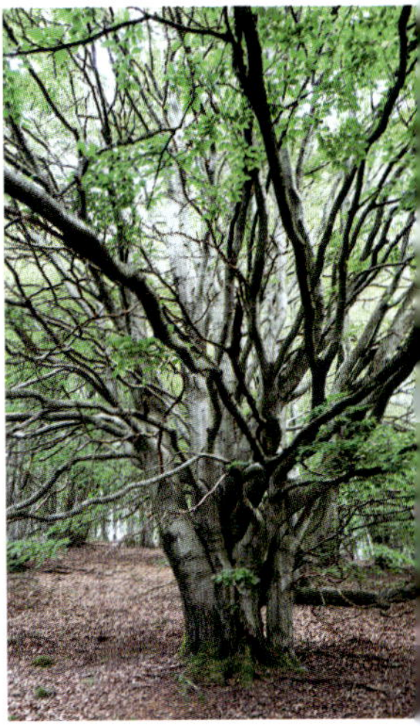

Hudebuche

Leicht bergab führt der Schwedensteig zum **Naturschutzgebiet Rehhecke**, das mit seiner Wacholderheide und mit seinen Hudebuchen beeindruckt. Offenbar begeistert von diesem schönen Ort führen die Wegemacher die Wanderer im Zickzack – belohnen sie für die Extrameter aber auch mit einem schönen Waldsofa, vielen Bänken, Schutzhütte und Picknickplatz.

Nach einer eingezäunten Schonung erreichen wir den **Hubertusstein**, wo der Schwedensteig auf die historische Heidenstraße trifft, die auch den Jakobspilgern als Weg diente. Wer will kann hier abkürzen (s. Variante). Weiter markiert mit W1 geht es geradeaus steil auf den **Brandtenberg**. Auf der Höhe weist ein Schild nach rechts

INFORMATION

Schwedensteig und Heidenstraße

Vor mehr als 1000 Jahren war die wichtigste Straße im kurkölnischen Sauerland die Ost-West-Verbindung von Leipzig nach Köln – die sogenannte Heidenstraße – vermutlich wegen der zahlreichen Heideflächen, die es damals an der Strecke gab. Nicht nur die Händler und die friedlichen Pilger nutzten diese Verbindung, sondern natürlich war sie auch Militärstraße. Landwehren wurden errichtet, um die umliegenden Dörfer und Klöster zu schützen. Seit im Dreißigjährigen Krieg (1618–1648) die marodierenden schwedischen Truppen der Bevölkerung arg zusetzten, werden die Landwehren bei Altastenberg, an denen diese Wanderung vorbeiführt, Schwedenschanzen genannt.

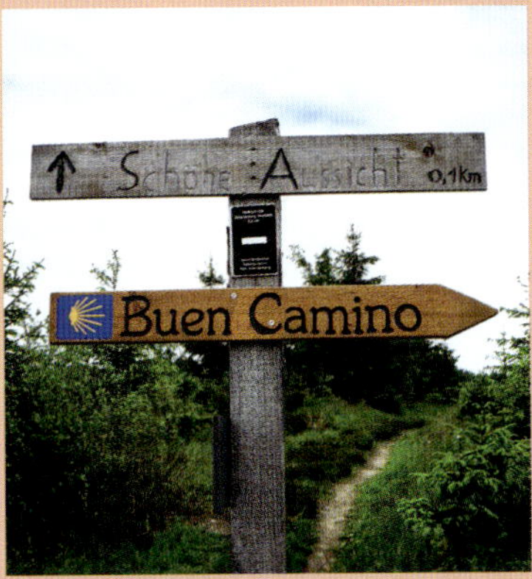

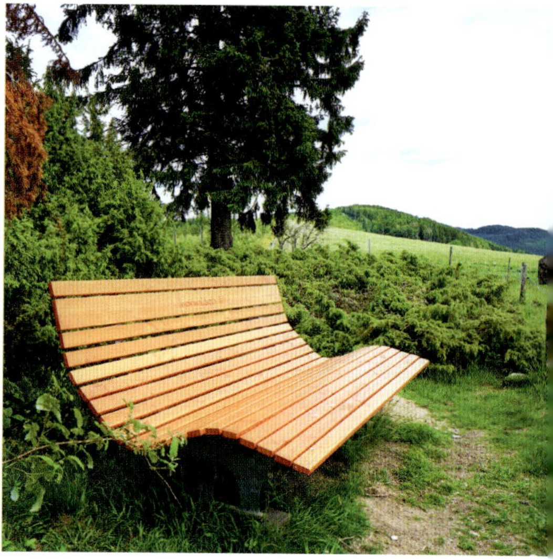

Ein Waldsofa lädt zur Pause ein

EINKEHR AM WEG

Schwedenhütte
Historischer Pfad 5, Winterberg-Altastenberg, Tel. 0171/3729398. Im Sommer geöffnet mittwochs bis sonntags von 11 bis 19 Uhr. Im November geschlossen.

Bauernschänke
Ohlenbach, Schmallenberg. Tel. 02975/410. Geöffnet mittwochs bis sonntags von 11 bis 22 Uhr.

Gasthof Braun
Ohlenbach 6, Schmallenberg. Tel. 02975/411. Geöffnet täglich außer dienstags.

zu einem **Aussichtsplatz mit Waldsofa**. Wer rasten will, kann diesen Abstecher machen, ansonsten hatte der Weg bisher schon spektakulärere Aussichten zu bieten.

Von hier aus sind es nun noch knapp zwei Kilometer bis zur **Schwedenhütte**. Hier angekommen, haben wir kurz vor Altastenberg den mit 785 Metern höchsten Punkt der Wanderung gerade hinter uns gebracht.

Auf dem Rückweg kreuzt der **W1** zunächst den **Skihang** und führt dann durch den Wald, in dem man einen Eindruck davon bekommt, was es heißt, dass in dieser Region des Sauerlandes 70 Prozent der Bäume Fichten sind. Immer wieder überzeugt die Wegführung damit, dass sie von breiten Wegen weg und auf schmalen Pfaden durch den Wald führt, was die Strecke interessanter, aber manchmal auch steiler macht.

200 Meter unterhalb des Hubertussteines führt sie nach links an einem Wiesenrand hinunter zur rund 50 Höhenmeter tiefer liegenden **Bauernschänke**. Hier führt der **W1** etwas versteckt über die Terrasse, dann steil am Bach entlang in eine Senke und am Spielplatz vorbei wieder zurück auf die Straße.

Dieser folgen wir aber nur für etwa hundert Meter, dann zweigt der **W1** wieder als schmaler Waldpfad ab. An der Stelle, an der er erneut ein Asphaltsträßchen kreuzt, führt er nach Ohlenbach hinunter ins Tal. Wer im Gasthof Braun einkehren, die Kapelle besuchen oder die geologischen Aufschlüsse auf dem Aufstieg sehen möchte, geht hier weiter auf dem W1 und kommt nach einem steilen Ab- und Anstieg 200 Meter rechts dieser Kreuzung wie-

WANDER-WISSEN:

Ein Sträußchen ist erlaubt

Nicht geschützte Pflanzen, Blumen, Pilze, Beeren, Kräuter oder auch Pflanzenteile wie Baumscheiben dürfen in „Handstraußgröße" aus dem Wald mit nach Hause genommen werden. Das gilt allerdings nicht für Naturschutzgebiete.

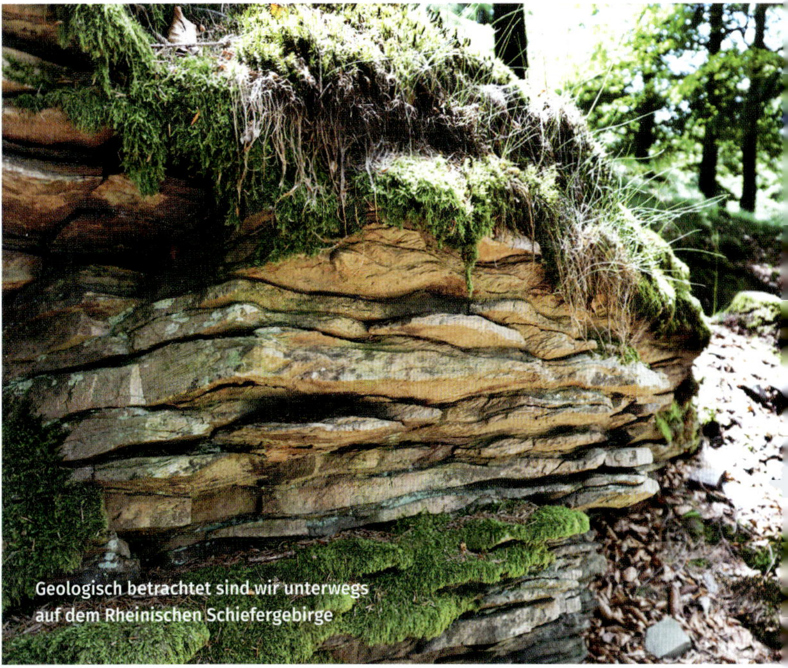

Geologisch betrachtet sind wir unterwegs auf dem Rheinischen Schiefergebirge

INFORMATION

Bundesgolddörfer

Wer kennt diesen Wettbewerb nicht? „Unser Dorf soll schöner werden" wurde als Blumenwettbewerb belächelt und bekam nach der Konferenz der Vereinten Nationen über Umwelt und Entwicklung in Rio 1992 nicht nur einen neuen Namen, sondern auch neue Kriterien, um den ländlichen Raum als Lebensraum für Menschen, Tiere und Pflanzen nachhaltig zu gestalten: „Unser Dorf hat Zukunft", heißt es also heute – und die Gewinner dürfen sich als Bundesgolddörfer bezeichnen. Zu Schmallenberg gehören neun Golddörfer, neben Westfeld auch Fleckenberg, Grafschaft, Holthausen, Kirchrarbach, Latrop, Niedersorpe, Oberhenneborn und Oberkirchen.

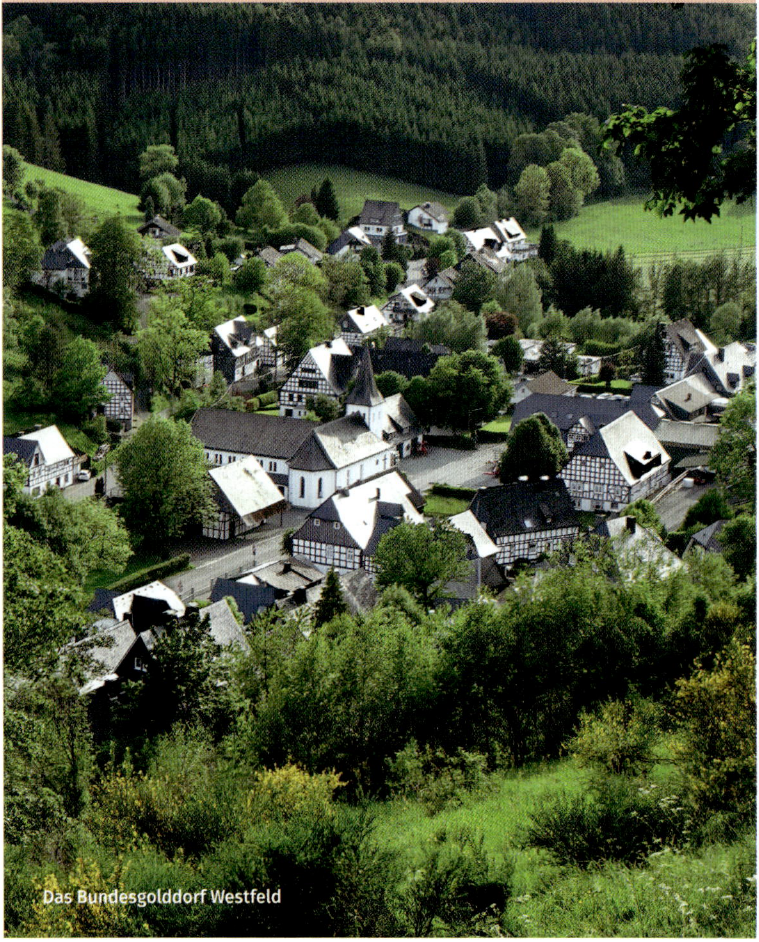

Das Bundesgolddorf Westfeld

der auf das Sträßchen. Wer sich diesen Abstecher lieber spart, geht einfach rechts und um das Feld herum dann wieder auf dem W1 zum Heidfeld, dessen Sattel genau zwischen den höheren Gebirgszügen gelegen ist und in beide Richtungen tolle Ausblicke parat hat.

Noch einmal geht es steil bergab und dann auf dem breiten weichen **Teppichweg** fast eben zurück nach Westfeld.

WANDER HIGHLIGHT

Buchenwald im Naturschutzgebiet Rehhecke

Die Urwälder des europäischen Kontinents waren Buchenwälder. 1995 wurden sie zum „Biotop des Jahres" gewählt, und das hat einen guten Grund: Schätzungsweise 10.000 Tierarten leben von und in Buchenwäldern. Der Lebenszyklus der Bäume ist spannend: Diejenigen, die es geschafft haben, groß und alt zu werden, haben einen jahrelangen Wettkampf um Licht, Platz, Wasser hinter sich. Und heute gewöhnen wir uns in naturnahen Wäldern zum Glück wieder an den Anblick der nebeneinander existierenden verschiedenen Lebensphasen der Bäume. Keimlinge wachsen neben Totholz, und in beiden Phasen sind sie für Tiere und Pflanzen überlebenswichtig.

Besondere Buchen finden sich im Naturschutzgebiet Rehhecke: Die ausladenden Hudebuchen dienten dem Vieh als Waldweide – mit reichlich Eckern für die Mast und schattigem Schutz vor der Sonne.

EINKEHR AM WEG

Landgasthof Schneider
Winterberger Straße 3, Schmallenberg-Westfeld,
Tel. 02975/332.
Ganztägig geöffnet dienstags bis sonntags, montags Ruhetag.

Café Backes
Lennestraße 1, Schmallenberg-Westfeld,
Tel. 02975/1065.
Geöffnet donnerstags bis montags von 10 bis 18 Uhr.

Gasthof Bischof
Am Birkenstück 3, Schmallenberg-Westfeld,
Tel. 02975/96600.
Ganztägig geöffnet donnerstags bis dienstags, mittwochs Ruhetag.

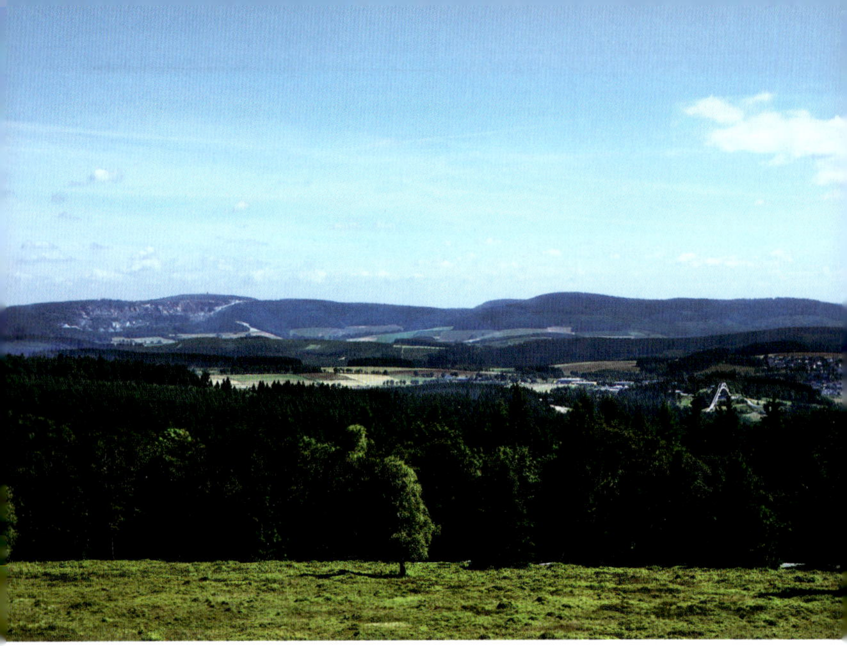

Blick vom Turm auf Winterberg

Was für eine Aussicht!

Kurze Rundtour zum bekanntesten Berg Nordrhein-Westfalens

Tour 8

2:30 Std | 7 km | leicht | 174 m

Start / Ziel: Parkplatz am Skilift „Sahnehang", Astenstraße, Winterberg-Altastenberg
Wegbeschaffenheit: breite und bequeme Wege, eine steilere Passage
Auf- und Abstieg: 236 Meter
Kondition: leicht
Ausrüstung: Wanderschuhe
Zwischenziele: 1. Jagdhütten / 2. Lennewiesen / 3. Lehrpfad „Hochheide" (Highlight) / 4. Lennequelle / 5. Astenturm

Viele bezeichnen den Kahlen Asten als den König des Sauerlandes. Und wer einmal hier gewesen ist, versteht auch warum. Weil er seinem Namen alle Ehre macht, wirkt sein Gipfel, als befände man sich auf dem Plateau eines Aussichtsturmes: Man schlendert herum, und dank des flachen Heidebewuchses hat man buchstäblich nach allen Seiten eine unglaubliche Fernsicht. Wenn klare Sicht herrscht, kann man den Großen Feldberg im Taunus, die Wasserkuppe in der Rhön und den Brocken im Harz erkennen. Auf unserer kleinen Runde starten wir knapp unterhalb des Kahlen Astens, gehen durch den Wald auf bequemen Wegen bergab, um entlang der Lenne und ihres schönen Wiesentales bis zu ihrer Quelle inmitten der Hochheide wieder aufzusteigen. Klar kann man es bequemer haben, der große Parkplatz reicht bis an den Astenturm. Aber das befriedigende Gefühl, einen Gipfel bestiegen zu haben, bekommt man am besten zu Fuß.

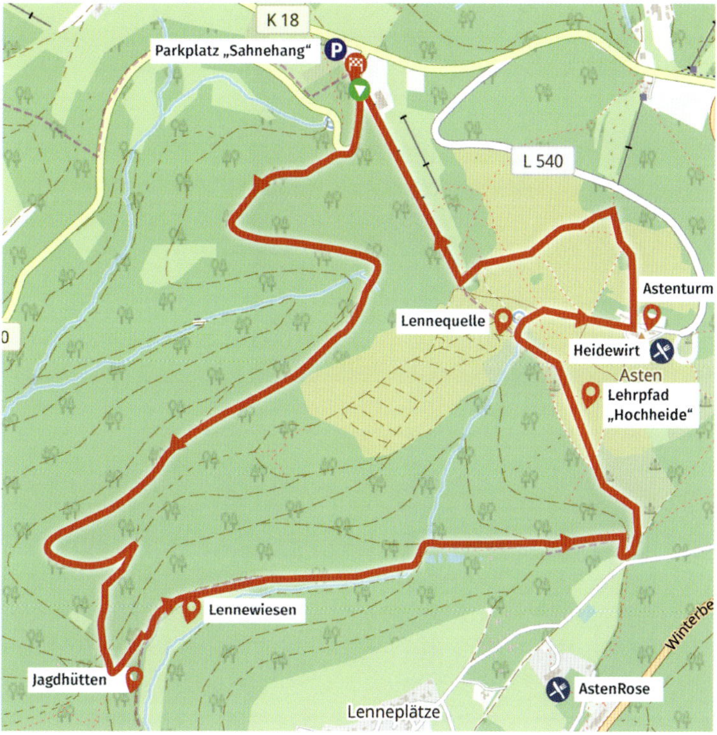

WEGBESCHREIBUNG

Zwischen den beiden Parkplätzen am Sahnehang führt eine Straße hindurch. Über ihren Randstreifen müssen wir ein kleines Stück wandern, um in den Wald zu kommen. Der Wanderweg mit der Markierung **As3** und **As4** zweigt schon in der ersten Kurve nach links von ihr ab. Wir folgen ihm bis zu einer Y-Kreuzung, wo wir die Markierung schon wieder verlassen und auf dem linken Weg leicht bergan gehen.

Nach einer langgezogenen Linkskurve erreichen wir eine kleine Kreuzung, wo wir im spitzen Winkel nach rechts abbiegen. Nun befinden wir uns auf dem schwarz markierten **Kahler-Asten-Steig** und gehen abwärts bis zu den **Jagdhütten**.

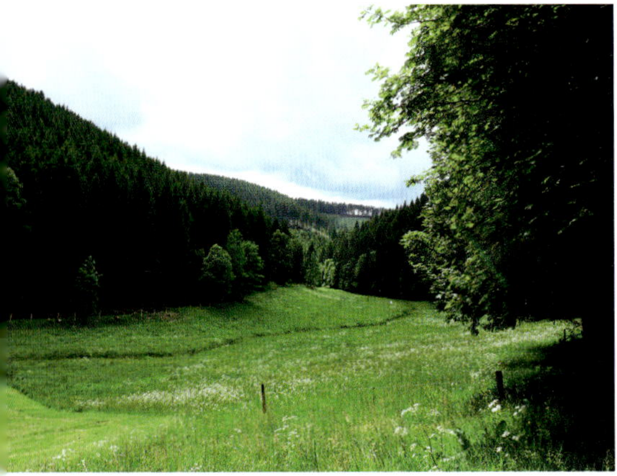

Das Wiesental der Lenne

Unten angekommen gehen wir über die erste Kreuzung geradeaus auf die Hütten zu, und wandern an der zweiten Kreuzung nach links an dem wunderschönen Wiesental der Lenne schon wieder leicht bergauf. Der Wanderweg führt der Markierung des Kahler-Asten-Steigs folgend vom breiten Forstweg weg auf einem schmalen Pfad an den Waldrand, sodass die **Lennewiesen** immer gut zu sehen sind.

Wir kommen an einen **Teich**, an dem wir auf einen Querweg treffen, in den wir rechts abbiegen. An mehreren Teichen entlang geht es weiter stetig bergauf, bis wir wie an einer Lichtung auf eine Kreuzung treffen. Hier verlassen wir den **N2**, der auf dem Forstweg in einer Rechtskurve weiter bergauf in Richtung Lenneplätze führt, und gehen stattdessen auf dem **X2** und dem Lenneweg auf einem breiten Wanderweg geradeaus steil den Berg hinauf.

Oben erreichen wir einen Querweg, auf dem wir auf gleicher Höhe nach rechts bis zur Straße wandern. Nach rechts sind es hier 300 Meter zur Einkehrmöglichkeit in der „AstenRose“. Unsere Route biegt an einem großen Wanderwegeschild und einer kleinen **Schutzhütte** im spitzen Winkel nach links wieder zurück in Richtung Kahler Asten ab.

Nach wenigen Metern gabelt sich der Weg, und wir halten uns links und erreichen schon bald

EINKEHR AM WEG

300 Meter entfernt von der Route an der Straße „Zur Landwehr“ Richtung Lenneplätze und Neuastenberg:
AstenRose
Astenberg 3,
Tel. 02981/1878.
Geöffnet täglich ab 11.30 Uhr.

WANDER HIGHLIGHT

Lehrpfad Hochheide

Nach der Niedersfelder Hochheide (siehe Tour 9) ist das Naturschutzgebiet Kahler Asten zwar nur die zweitgrößte, dafür aber die höchstgelegene (751 bis 841 Meter) Bergheide Nordwestdeutschlands. Wie bei allen Heiden handelt es sich auch bei dieser letztlich um eine Kulturlandschaft: 600 bis 700 Jahre n. Chr. begannen die Menschen, die Wälder zu roden, Holz und Weidefläche waren überlebenswichtig. Heute ist es für die Heiden überlebenswichtig, dass der Mensch sie intensiv pflegt, sonst würden sie von den Bäumen zurückerobert. Das würde zwar zu neuen Waldflächen führen, die speziellen Tiere und Pflanzen aber verdrängen.

Es lohnt sich nicht nur für die grandiose Aussicht, einmal um die Kuppe des Kahlen Astens zu schlendern, sondern auch, um die informativen Tafeln des Lehrpfades zu studieren.

die offene **Heidefläche** der Gipfelregion. Bei nächster Gelegenheit gehen wir nach rechts auf eine Bank zu, die etwas oberhalb steht, und davor biegen wir nach links ab und queren auf dem **Lenneweg** die Heide. Die Stationen eines **Naturlehrpfades** bieten interessante Informationen, rechts kann man den Astenturm sehen und nach links hat man eine weite Sicht.

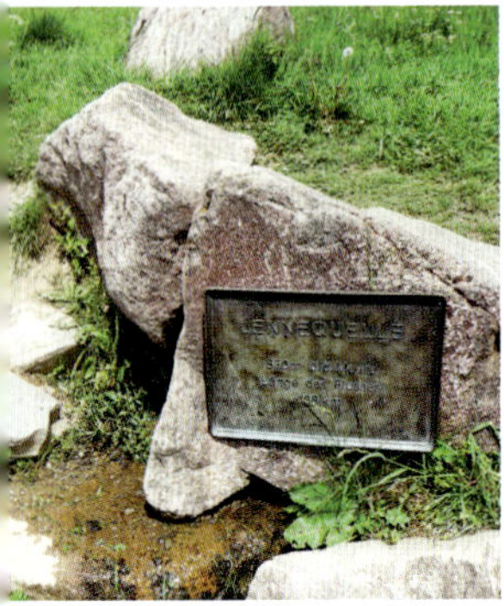

Hinweistafel an der Lennequelle

Wir schlendern über das Plateau, kommen an Waldsofas vorbei und staunen über die unendliche Dichte der Blaubeer-Sträucher, die – soweit das Auge reicht – die Ebene bedecken. So erreichen wir die **Quelle der Lenne**, die höchste Quelle Nordwestdeutschlands auf 830 Metern Höhe, und wandern auf den **Astenturm** und den höchsten Punkt des Berges (840,8 Meter) zu.

DIE LENNE

Die Lennequelle, so steht es auf der Informationstafel an ihrem Ursprung, liegt auf 830 Meter Höhe. Andere Quellen (!) behaupten, es seien nur 825 Meter. Aber wen kümmert die genaue Zahl, wenn eines sicher feststeht: Kein anderer Fluss in Nordrhein-Westfalen entspringt auf größerer Höhe. 129 Kilometer weiter nordwestlich mündet sie unterhalb von Hohensyburg in Hagen in die Ruhr.

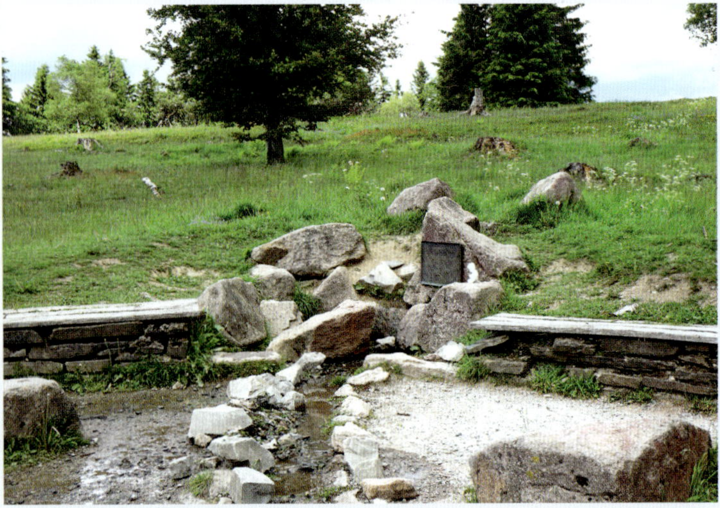

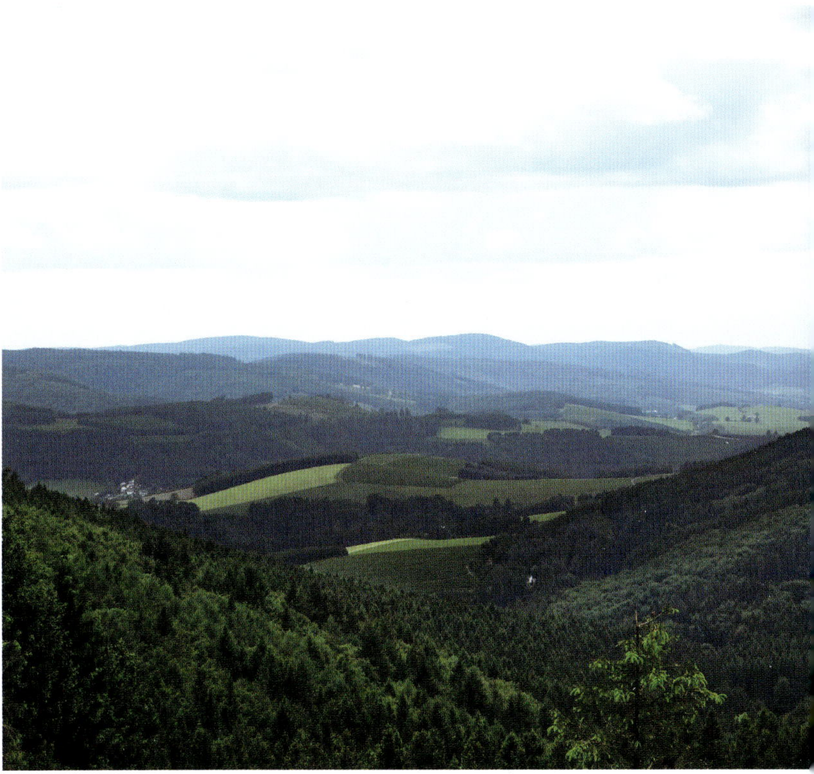

Die Aussicht ist großartig

WANDER HIGHLIGHT

Kahler Asten

Auch wenn viele anderes vermuten: Der Kahle Asten ist mit 841 Metern Höhe nur der zweithöchste Berg in Nordrhein-Westfalen. Aber es stimmt schon, dass er viel bekannter ist als der Langenberg, und das liegt nicht nur daran, dass über ihn keine Landesgrenze führt. In Nordrhein-Westfalen ist er bekannt, weil eine wichtige Station des Deutschen Wetterdienstes dafür sorgt, dass kein Tag vergeht, an dem sein Name nicht in den Radionachrichten des Westdeutschen Rundfunks zu hören ist. Dass er der König des Sauerlandes ist, erkennt man auch an den Besucherzahlen: Laut Tourismusbüro Winterberg finden jährlich rund eine Million Besucherinnen und Besucher den Weg auf diesen aussichtsreichen Gipfel. Und sie kommen sommers wie winters, denn während im Sommer die außergewöhnliche Hochheide und die Massen an Heidelbeeren locken, locken im Winter die Loipen. An unglaublichen 100 Tagen ist der Kahle Asten angeblich von einer geschlossenen Schneedecke bedeckt.

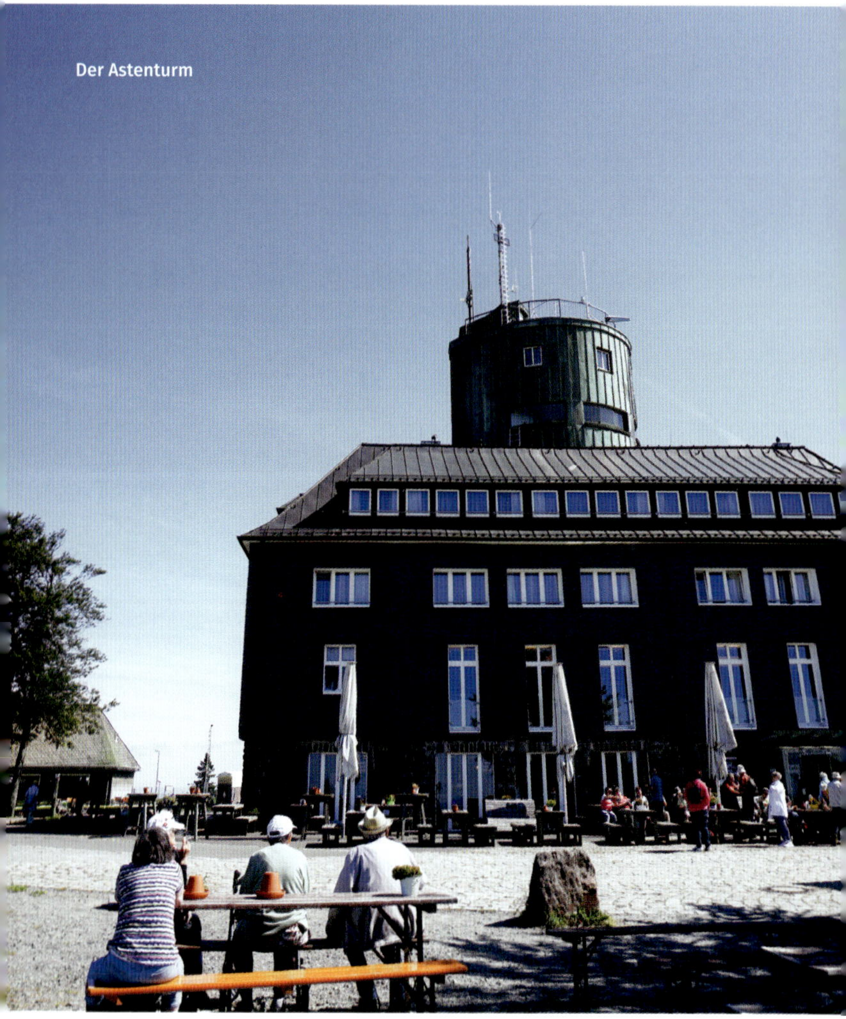

Der Astenturm

WANDER HIGHLIGHT

Astenturm

Einen Euro kostet es Eintritt, um den Astenturm zu besteigen ... gut investiertes Geld bei klarem Wetter! Eine Wendeltreppe mit 80 Stufen führt hinauf – und hier oben ist man dann eben doch höher als auf dem Langenberg! Und genießt die Aussicht auf das Land der „Tausend Berge". Einsichten bietet hingegen die kleine Ausstellung des Museums für Naturkunde Münster, das dem Landschaftsverband Westfalen-Lippe gehört. Es erklärt die Flora und Fauna der Region.

Wer mag kann oben noch eine Runde gehen, auf der weitere Stationen des Lehrpfades warten, das kleine **Museum** besichtigen oder den Turm besteigen. Unser Wanderweg zweigt jedenfalls vor dem Turm nach links ab und führt an einem eingezäunten Gelände des **Deutschen Wetterdienstes** vorbei zur anderen Seite der Kuppe. Von hier aus eröffnen sich wieder ganz andere Fernblicke.

Wo man kurze Zeit später auf das Sträßchen zulaufen würde, geht vorher unser Wanderweg nach links weiter. Bald biegt der **Rothaarsteig** gegenüber der Tafel, die über Blaubeeren informiert, nach rechts ab, wir gehen hier geradeaus auf die Anlagen eines Skiliftes zu. Hinter dem **Skihang** schwenken wir nach rechts und gehen entlang des Hanges am Waldrand entlang wieder auf die Parkplätze zu.

EINKEHR AM WEG

Heidewirt
Im Astenturm,
Tel. 0298/9283555:
Selbstbedienungs-Restaurant geöffnet täglich von 10 bis 21 Uhr.
À la carte am Wochenende, geöffnet von 9 bis 22 Uhr.

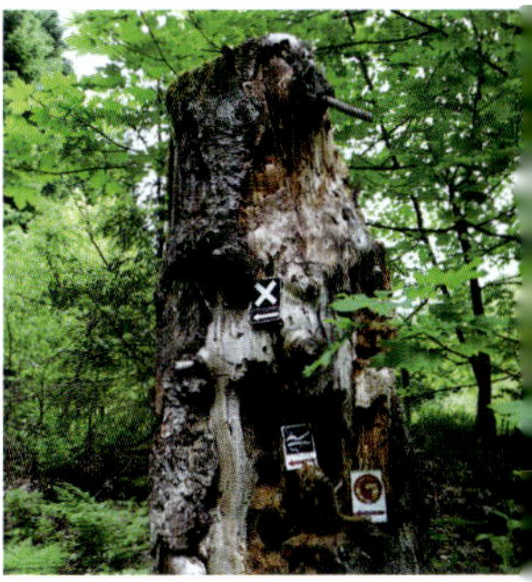

Totholz ist zu vielem nütze

INFORMATION

Baumstümpfe verraten die Himmelsrichtung

Sich im Wald orientieren zu können, ganz ohne GPS und technisches Gerät, kann Gefahren vermeiden – und es macht ganz einfach Spaß. Selbst bei schlechtem Wetter und Nebel gibt es Hinweise, mit Hilfe derer man die Himmelsrichtungen bestimmen kann. Baumstümpfe können so einen Hinweis bieten, wenn sie im Querschnitt so aussehen, wie der im Foto: Da wo es warm ist, dehnt sich das Holz, dort ist Süden.

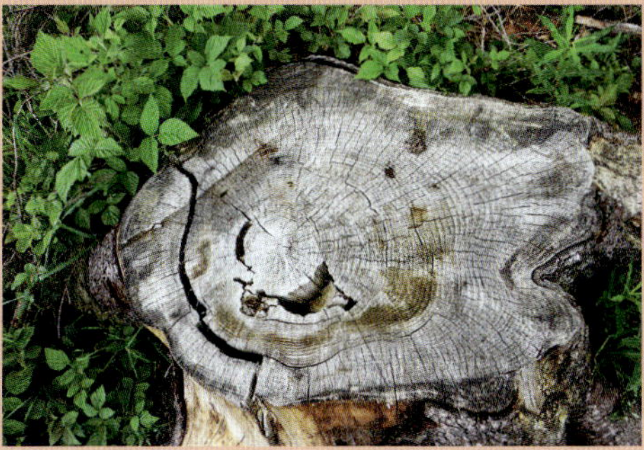

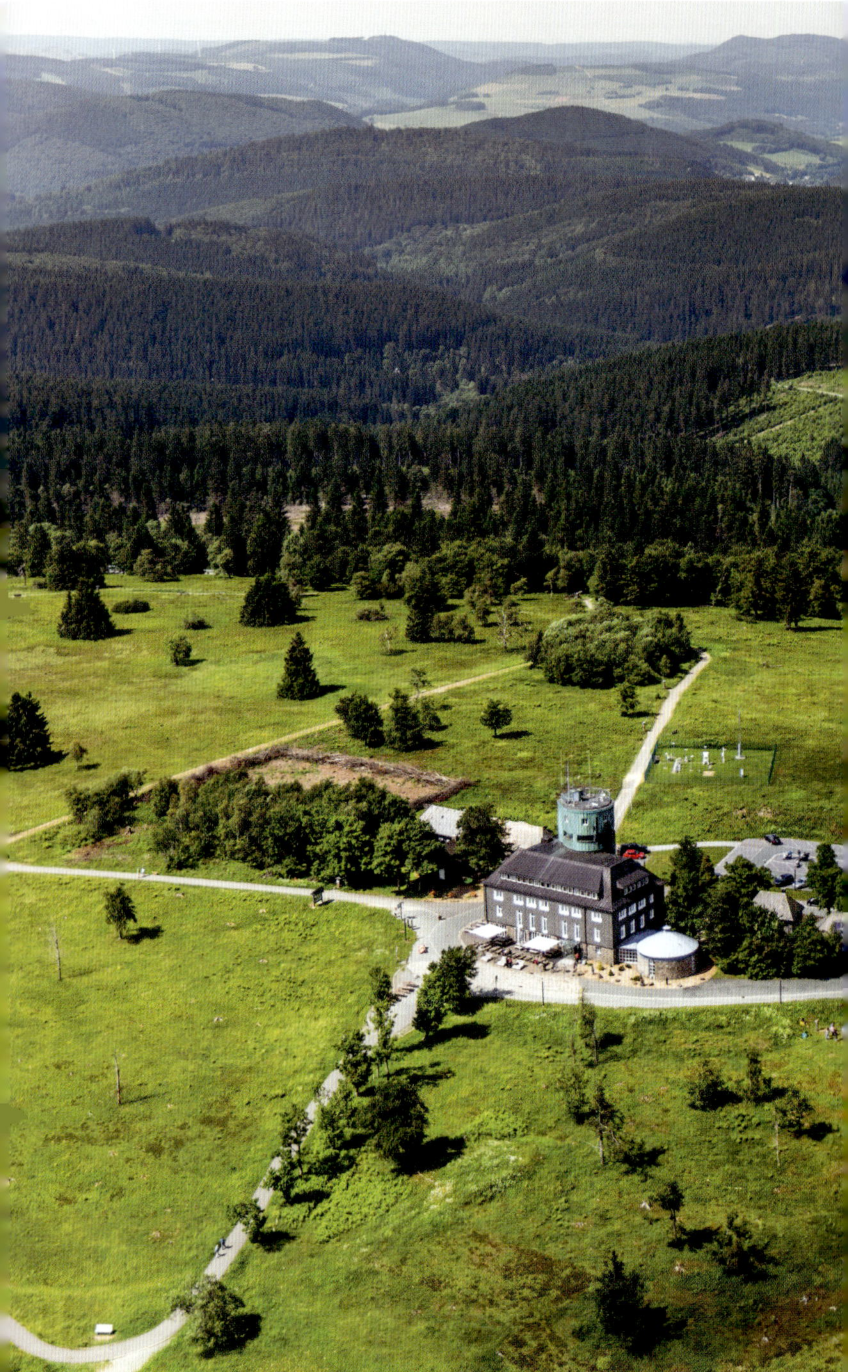

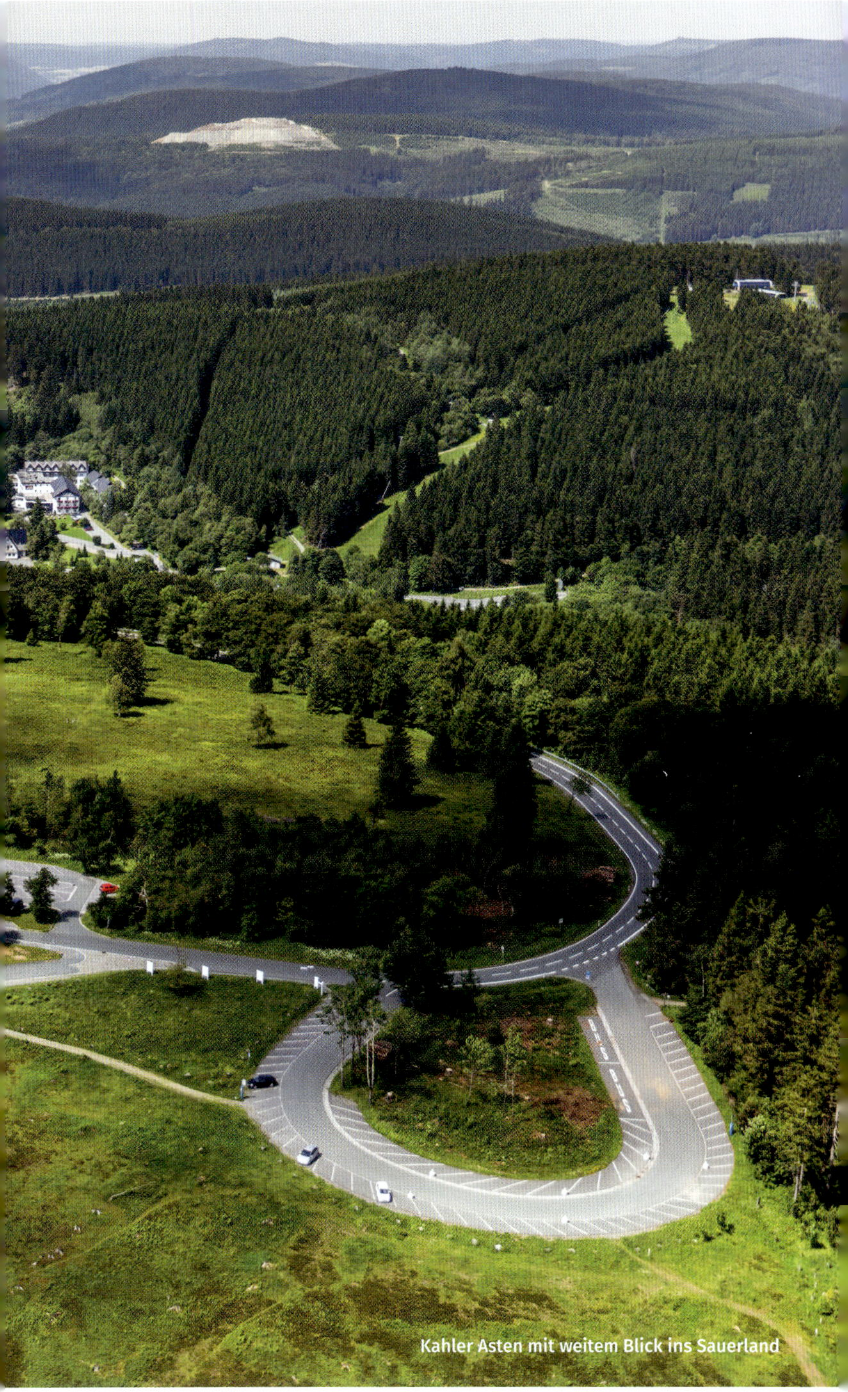

Kahler Asten mit weitem Blick ins Sauerland

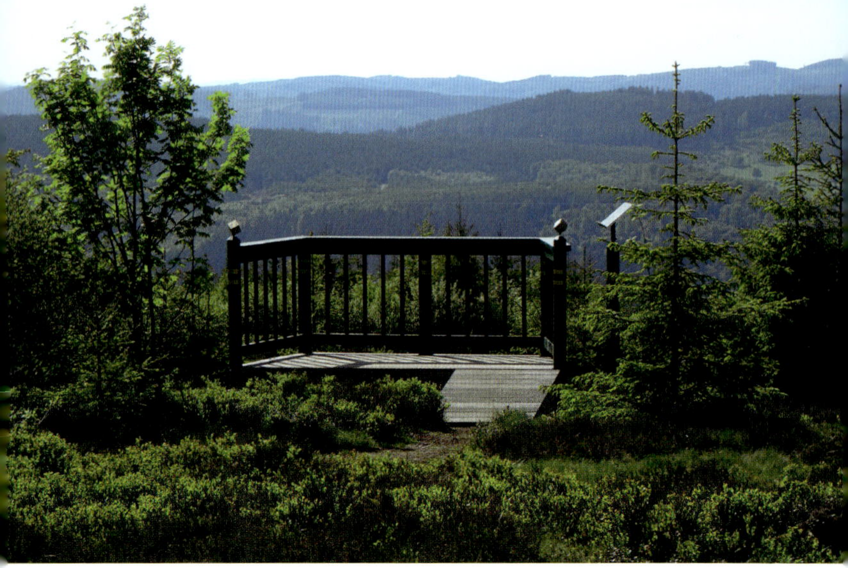

Was für ein Blick

Das ist die Höhe!

Runde von Niedersfeld zum höchsten Gipfel Nordrhein-Westfalens – Hochheide – Clemensberg

Tour 9

5 Std | 16 km | mittel | 328 m

Start / Ziel: Kurpark Winterberg-Niedersfeld, diverse Parkmöglichkeiten in der Nähe

Wegbeschaffenheit: überwiegend bequeme Wald- und Wiesenwege, schmale Pfade, steile Passagen

Auf- und Abstieg: 535 Meter

Kondition: schwer

Ausrüstung: Wanderschuhe, Proviant, ausreichend Getränke, Sonnenschutz, evtl. Stöcke

Zwischenziele: 1. Langenberg / 2. Grenzweg / 3. Im Keller / 4. Naturschutzgebiet Hochheide (Highlight) / 5. Clemensberg (Highlight) / 6. Hochheidehütte 7. Hillebachsee

An Abwechslung, Aussicht, Inspiration und Ruhe ist diese Wanderung kaum zu überbieten. An Höhe ohnehin nicht, führt sie doch über den Langenberg, den höchsten Berg des Rothaargebirges und des Landes Nordrhein-Westfalen. Das muss sich das Land allerdings mit den hessischen Nachbarn teilen: Der Grenzweg knapp hinter dem Gipfelkreuz markiert nicht erst heute die Grenze zwischen den beiden Bundesländern, sondern historisch zwischen Kurköln und Waldeck, erkennbar an den alten Grenzsteinen, die wir auf dem Weg hinab in das „Keller"-Tal passieren. Aber das ist noch lange nicht alles: Der nächste Höhepunkt wartet auf der Hochheide unterhalb des Clemensberges, die auch dann ein Ort der Ruhe, der Kraft und der Inspiration wäre, wenn es den „Goldenen Pfad" nicht gäbe, der an verschiedenen Stellen zur Meditation einlädt. Und dann ist da noch der unbewaldete Gipfel des Clemensbergs, von dem man eine beeindruckende Rundumsicht auf die 800er-Berge und die Winterberger Hochfläche genießt.

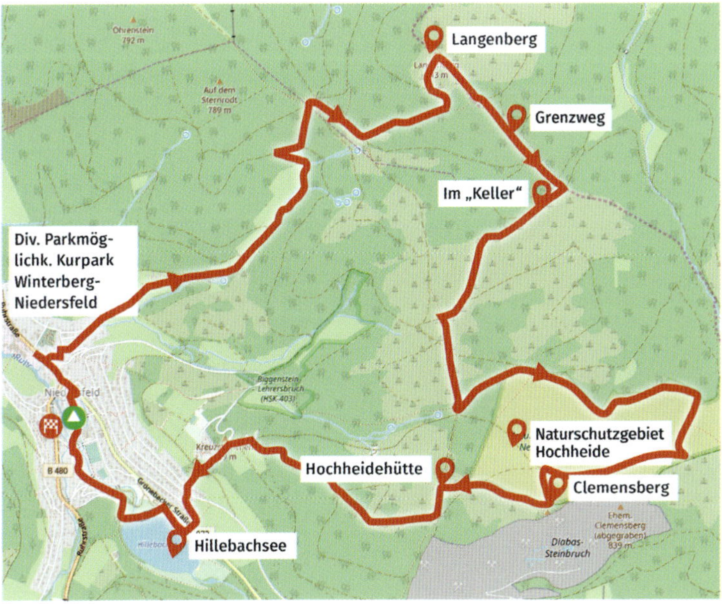

WEGBESCHREIBUNG

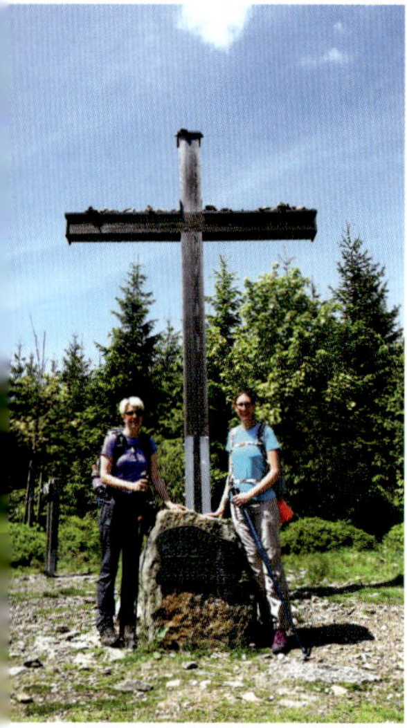

Auf dem höchsten Gipfel Nordrhein-Westfalens

Von den Parkplätzen rund um die Dorfhalle gehen wir durch den kleinen Park Richtung Dorfmitte. Das gelbe Schild mit dem Rothaarsteig-Symbol weist den Weg durch den lebendigen kleinen Ort an der Touristeninformation und verschiedenen Einkaufsmöglichkeiten vorbei. Wir gehen ein kurzes Stück an der Straße Richtung Olsberg entlang, bis wir zur **Bushaltestelle „Alte Post“** gelangen. Auch hier weisen die gelben Zugangsschilder zum Rothaarsteig den Weg, der über die Straße „Am Bach“ nach rechts von der Straße wegführt.

Sobald wir in die Straße „In der Burbecke“ eingebogen sind, beginnt der Aufstieg. Bald verlässt uns der gelb markierte Zustiegsweg nach rechts, wir folgen geradeaus der mit **WHT** beschilderten Winterberger Hochtour am Bach entlang talaufwärts. Nach einer **Schutzhütte** wandern wir an einer Weide vorbei, von deren oberer Seite wir die wunderschöne Aussicht zurück ins Tal genießen.

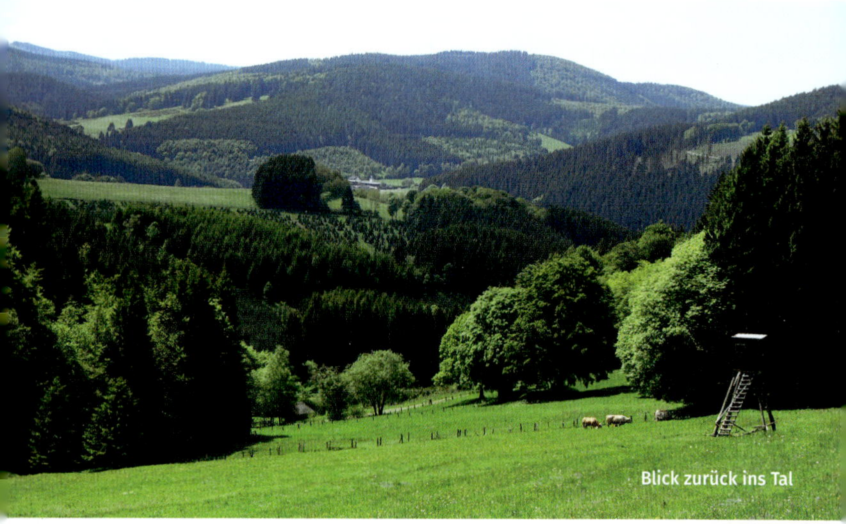

Blick zurück ins Tal

Auf einem schmalen Pfad geht es weiter bis wir auf einen breiten Querweg treffen, in den wir nach rechts einbiegen. Für ein paar Meter geht es fast eben am Hang entlang, bevor uns der anstrengendste Anstieg der ganzen Runde bevorsteht: Direkt nachdem wir noch einmal die Burbecke überquert haben, biegt der **WHT** nach links ab und führt auf direktem Wege steil und auf lehmigem Untergrund bergauf.

Oben kreuzen wir einen breiten Forstweg und folgen dem **WHT** nach schräg rechts. Ein paar Meter weiter, bevor wir links an ein größeres Wanderwegeschild kommen, geht es noch einmal nach rechts. Der schmale Pfad führt weiter bergauf und zur Rechten eröffnet sich bald eine sehr schöne Aussicht auf den gesamten Hochsauerlandkreis.

Aufgepasst: Wo links oberhalb ein weiterer Weg auftaucht, biegt der **WHT** auf diesen ab und erreicht so den **Oberen Burbecker Platz**, wo es nach links in Richtung Langenberg geht.

Nach **Gipfelkreuz** und **Rastplatz** biegt der **WHT** an einer T-Kreuzung nach rechts ab. Der

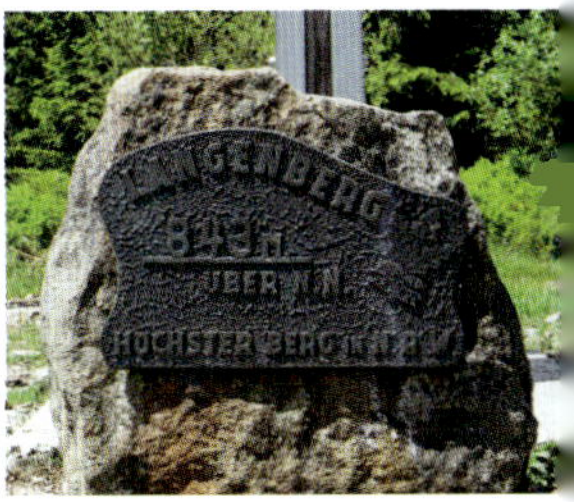

Der Langenberg: 843 Meter

WANDER HIGHLIGHT

Langenberg – höchster Berg Nordrhein-Westfalens

Hand aufs Herz: Hätten Sie es gewusst? Meine kleine private Umfrage in der Familie und im Bekanntenkreis hat eindeutig gezeigt, dass die meisten NRW-Bewohner den Kahlen Asten für den höchsten Berg halten. Aber dieser ist schließlich nur knapp 842 Meter hoch, also gut einen Meter niedriger als der Langenberg. Der liegt dafür nur teilweise in NRW, die Grenze zu Hessen führt unmittelbar am Gipfelkreuz vorbei. So schön und einladend gestaltet es hier oben ist: Aussicht gibt es keine, dafür ist der Gipfel anders als sein Bekanntheitskonkurrent – der Name ist Programm – nicht kahl genug. Aber für die Aussicht sorgt auf dieser Runde stattdessen der Clemensberg.

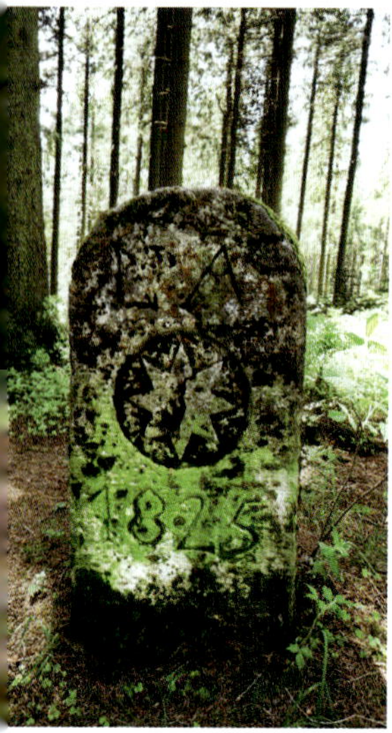

Grenzstein am Grenzweg

Forstweg geht leicht bergab und wo er eine Kurve nach links beschreibt, zweigt der **WHT** als schmaler Waldpfad nach rechts ab. Dem **Grenzweg** mit seinen alten Steinen folgend führt er bergab. Da hier wenige Wegmarkierungen sind, sollte man darauf achten, dass man am Rand des Fichtenwaldes bleibt und den Mischwald oder die Schonung links nicht aus den Augen verliert.

„Im Keller“ angekommen müssen wir über einen Bach springen und dahinter einen kleinen Abhang hinauf, wo es an einer Schranke nach rechts geht. Diesem Weg folgen wir etwa einen Kilometer, bis nach links ein Weg in Richtung Hochheide abzweigt. An einer sehr großen Kreuzung mit vielen Abzweigungen steht links ein reichlich bestückter **Schilderpfahl**. Dahinter beginnen wir den **„Neuer Hagen“-Rundweg**.

Der Weg führt auf die **Hochheide** und in weitem Bogen um das unbedingt erlebenswerte **Naturschutzgebiet** herum. Dabei kommt er an einigen Stationen eines Besinnungs- und Achtsamkeitsweges vorbei (siehe Tipp), führt über den – neuen – **Gipfel des Clemensberges** und dann von dessen Westseite zur **Hochheidehütte**.

WANDER HIGHLIGHT

DIe Hochheide „Neuer Hagen“

Auf einer Höhe von 740 bis 830 Metern ist die Niedersfelder Hochheide mit einer Fläche von knapp 77 Hektar die größte Bergheide Nordwestdeutschlands. Was heute ein Naturschutzgebiet ist, ist durch intensive menschliche Nutzung entstanden. Heide ist immer eine Kulturlandschaft, die für alle Zeiten intensive Pflege braucht, weil sich sonst die Bäume die Fläche zurückerobern. Nur so kann der besondere Lebensraum erhalten bleiben.

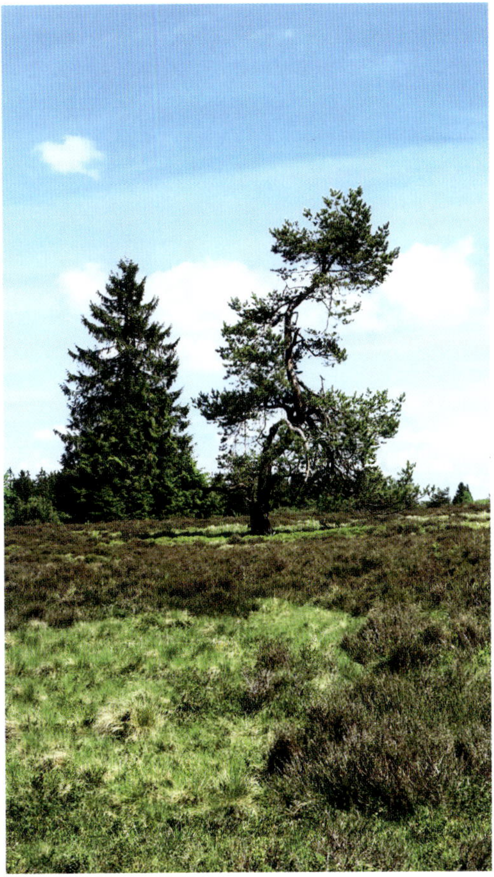

Auf der Hochheide

EINKEHR AM WEG

Hochheide-Hütte
Die unterhalb des Clemensberges gelegene Hütte wurde im Oktober 2019 wiedereröffnet.

Geöffnet täglich außer mittwochs von 11 Uhr bis zum Einbruch der Dämmerung. Informationen unter **www.niedersfeld.de**

TIPP

Der Goldene Pfad
Die Hochheide am Clemensberg ist ein sehr besonderer Ort, nicht umsonst lädt hier der fünf Kilometer lange „Goldene Pfad" dazu ein, sich an insgesamt zehn Stationen auf eine „Landschaftstherapie" einzulassen. Unsere Tour kommt ohnehin an den meisten Stationen vorbei. Wer sich allerdings einfach nur die Zeit nehmen möchte, den Weg in aller Aufmerksamkeit zu gehen, parkt am besten am Wanderparkplatz in der Nähe der Hochheide-Hütte.

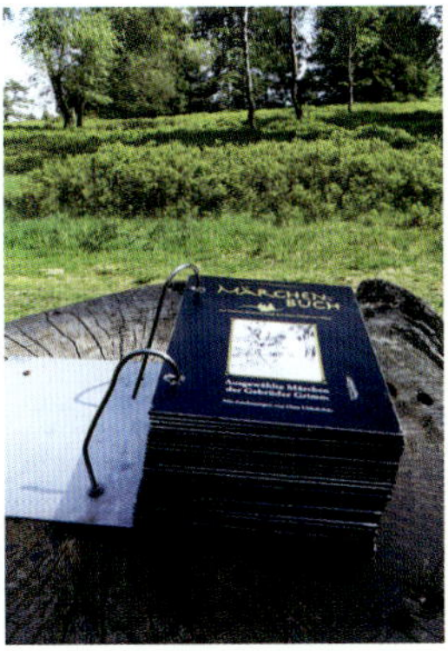

Von dort gehen wir nach links bis zum **Parkplatz**. Diesen überqueren wir und nehmen direkt dahinter die Abkürzung über den **Feldweg** geradeaus. Nachdem wir die Straße noch einmal gekreuzt haben, gehen wir nach wenigen Metern dem **N2** und dem **T** folgend nach rechts über einen schönen Weg bergab.

WANDER HIGHLIGHT

Clemensberg – alter Berg mit neuer Kuppe

Der dritthöchste Berg Nordrhein-Westfalens war einmal gut 839 Meter hoch, doch dieser ehemals höchste Punkt ist von dem Diabas-Abbau nicht verschont geblieben. Zum Trost hat der Clemensberg einen Meter geschenkt bekommen: Sein neuer höchster Punkt auf einer Abraum-Aufschüttung ist 840 Meter hoch und liegt etwa 450 Meter westlich des ehemaligen Gipfels. Und dort hat man eine wirklich fantastische Sicht auf die Winterberger Hochfläche und alle Gipfel des Rothaargebirges. Das Ganze bei sphärischen Klängen: Die Windorgel, die hier oben aufgestellt ist, untermalt die Szenerie sehr dezent – und meditativ schön.

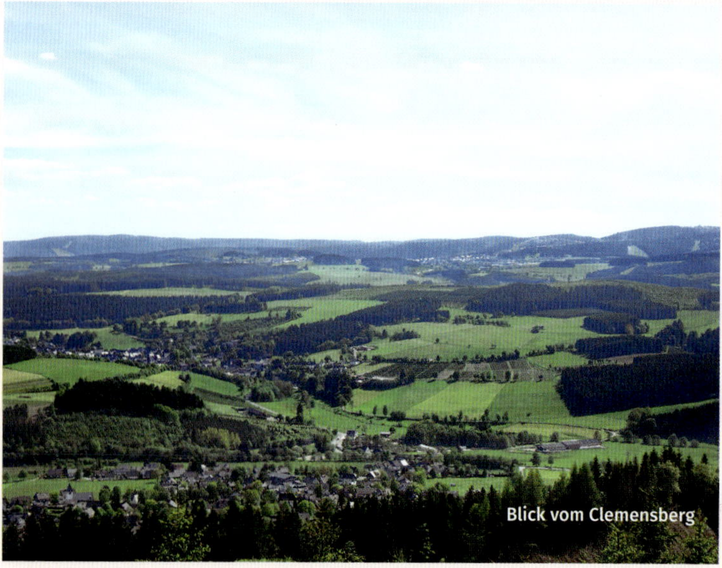

Blick vom Clemensberg

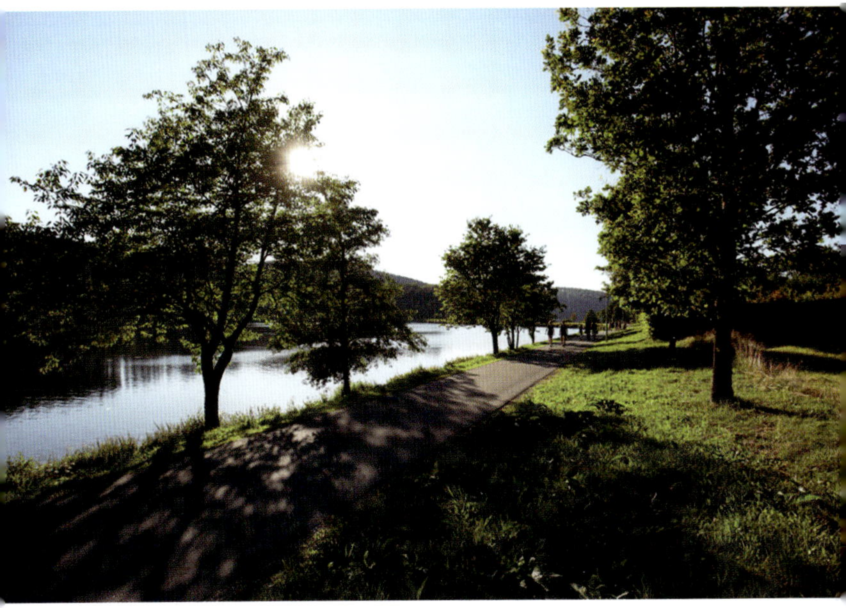

Hillebachsee

An einem weiteren **Parkplatz** erreichen wir wieder ein kleines Sträßchen und folgen den Markierungen nach links. An der nächsten Abzweigung gehen wir zunächst vorbei für einen kurzen Abstecher auf das sehr lohnenswerte **Kreuzsteinchen**. Danach geht es wieder zurück zum Wanderweg und weiter bergab, bis wir schließlich ein Wohngebiet erreichen. Wir halten uns links, überqueren die Grönebacher Straße und wandern am **Hillebachsee** entlang. Nach der Staumauer biegen wir rechts ab und folgen zunächst dem **Kreuzweg** und dann dem **Rimbergweg** zurück zum Ausgangspunkt.

TIPP

Hillebachsee

An warmen Sommertagen sollte man seine Badesachen nicht vergessen. Der Hillebachsee bietet garantiert eine schöne Abkühlung. Es ist der kleinste und – das ist im Sauerland wichtig – der höchstgelegene Badesee Nordrhein-Westfalens. Wer möchte kann hier auch parken, das ist allerdings nicht kostenlos.

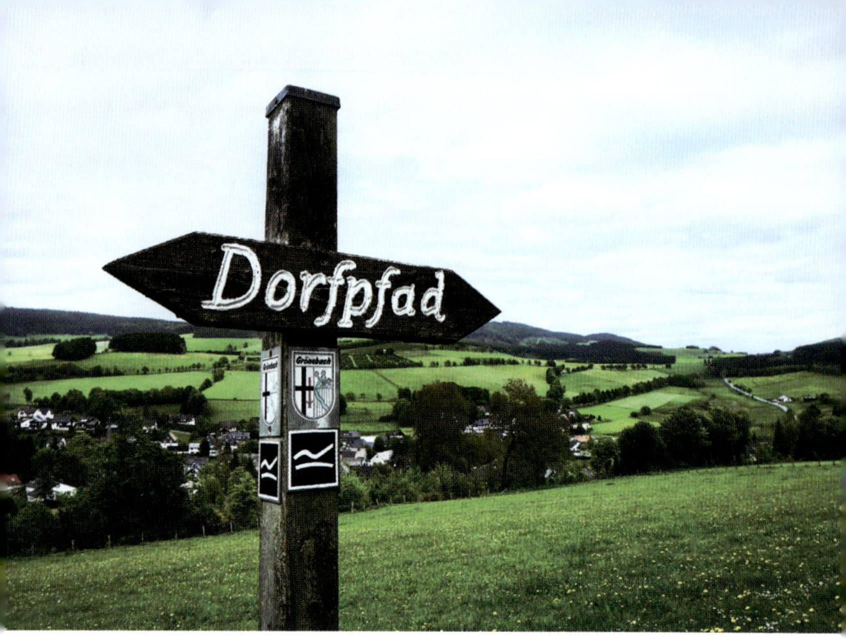

Der Dorfpfad schlägt einen weiten Bogen abseits der Straßen

Sauerland in Miniatur

Grönebacher Dorfrunde: die ideale Einsteigertour

Tour 10

2:40 Std | 10,5 km | mittel | 111 m

Start / Ziel: Wanderportal Winterberg-Grönebach, Parkmöglichkeiten im Dorf
Wegbeschaffenheit: überwiegend Wald- und Wiesenwege, kurze steilere Passagen, bei Nässe kann es auf dem lehmigen Untergrund rutschig sein
Auf- und Abstieg: 305 Meter
Kondition: leicht
Ausrüstung: Wanderschuhe, Sonnenschutz
Zwischenziele: 1. Freistuhl Grönebach / 2. Historische Rundbogenbrücke 3. Antoniuskapelle / 4. Entenwiese
Abstecher: Gaststätten in Hildfeld

Wer einen Eindruck gewinnen möchte von der sanften Schönheit der Winterberger Hochfläche, der ist hier genau richtig. Auch wer ein bisschen Herausforderung sucht, aber nicht sofort auf die Gipfel des Rothaargebirges steigen möchte, kann sich hier testen. Immer abseits selbst der kleinsten Asphaltsträßchen führt die Dorfrunde auf Wald- und Feldwegen und oft auf schmalen, wunderschönen Pfaden in weitem Bogen herum um das kleine Grönebach. Dabei eröffnen sich – auch anhand mancher Informationstafel – Einblicke in die Lebens- und Wirtschaftsweise der Landbevölkerung früher und heute und immer wieder weite Ausblicke in das Hilletal und zu den umliegenden Bergen. Aussichtsreich und kurzweilig führt der Weg auch an einigen kulturhistorisch interessanten Plätzen vorbei: etwa am alten Gerichtsplatz und über eine stillgelegte Bahntrasse. Nach dieser Runde will man am liebsten gleich noch einmal los – warum nicht? Vielleicht andersherum.

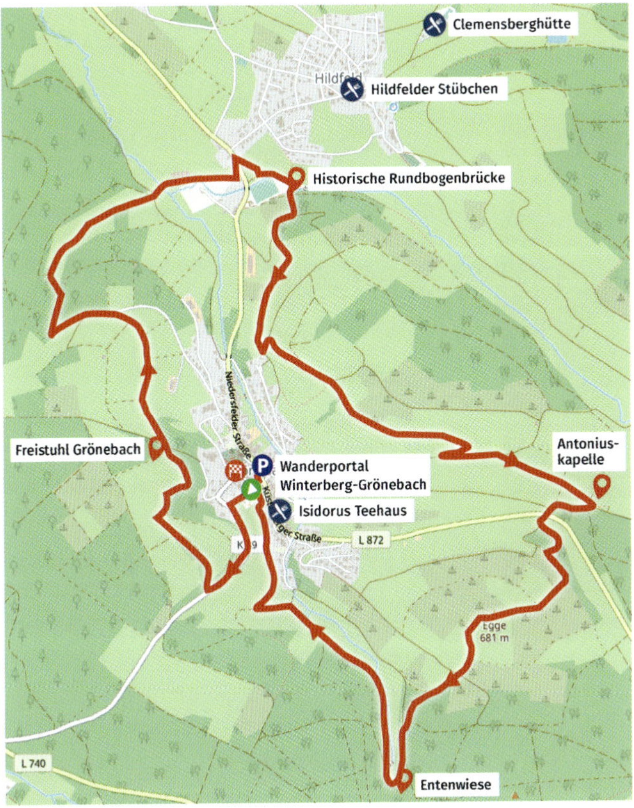

WEGBESCHREIBUNG

EINKEHR AM WEG

Isidorus Teehaus
Küstelberger Straße 5,
Grönebach,
Tel. 0160/92053527.
Geöffnet mittwochs bis montags von 10.30 bis 17 Uhr.

Die Runde startet in der Ortsmitte am sogenannten Wanderportal mit seinen Karten und Wegbezeichnungen. Von hier aus gibt es – wie überall im Sauerland – unendlich viele Wanderwege und Variationsmöglichkeiten. Doch die **Dorfrunde** ist so schön, dass wir uns einfach ihrer Führung anvertrauen. Auf der Straße „Im Holz" folgen wir also dem entsprechenden Pfeil bergauf, bis wir geradeaus auf einen Grasweg stoßen, der sofort recht steil zur Straße ansteigt.

Dort biegt der Rundweg nach links ab. Für etwa 50 Meter folgt er der Straße bis zum Straßenschild „Alte Königsstraße". Dort wechseln wir die Straßenseite und biegen von der kleinen Privatstraße direkt links auf den schmalen Pfad ein. Bald führt der Weg tatsächlich an der historischen **Alten Königsstraße** vorbei, die hier noch gut zu erkennen ist. Kurz darauf biegt die Dorfrunde auf einem Feldweg nach rechts ab und entfernt sich nun für lange Zeit von jeder Straße.

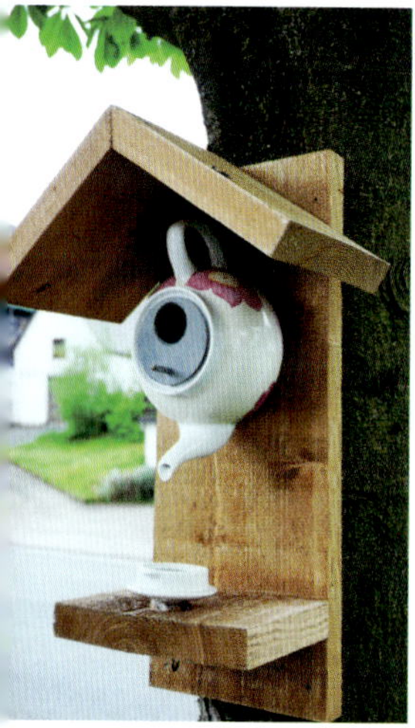

Vom Grönenbacher Teehaus profitieren auch die Meisen

Wenn man den Abstieg hinter der Kuhweide in Richtung Grönebach geschafft hat, hat man den schwierigsten der Runde auch schon hinter sich. Links abgebogen gelangt man bald zum **ehemaligen Freistuhl der Gemeinde Grönebach**. Eine Informationstafel erklärt die Bedeutung des Ortes, und einige Steine und eine 2013 gepflanzte „Gerichtslinde" lassen erahnen, wie es hier früher ausgesehen haben mag.

Direkt unterhalb des **Freistuhls**, nachdem die kleine Straße überquert ist, führt die Dorfrunde weiter. Das kleine Sträßchen, auf das wir

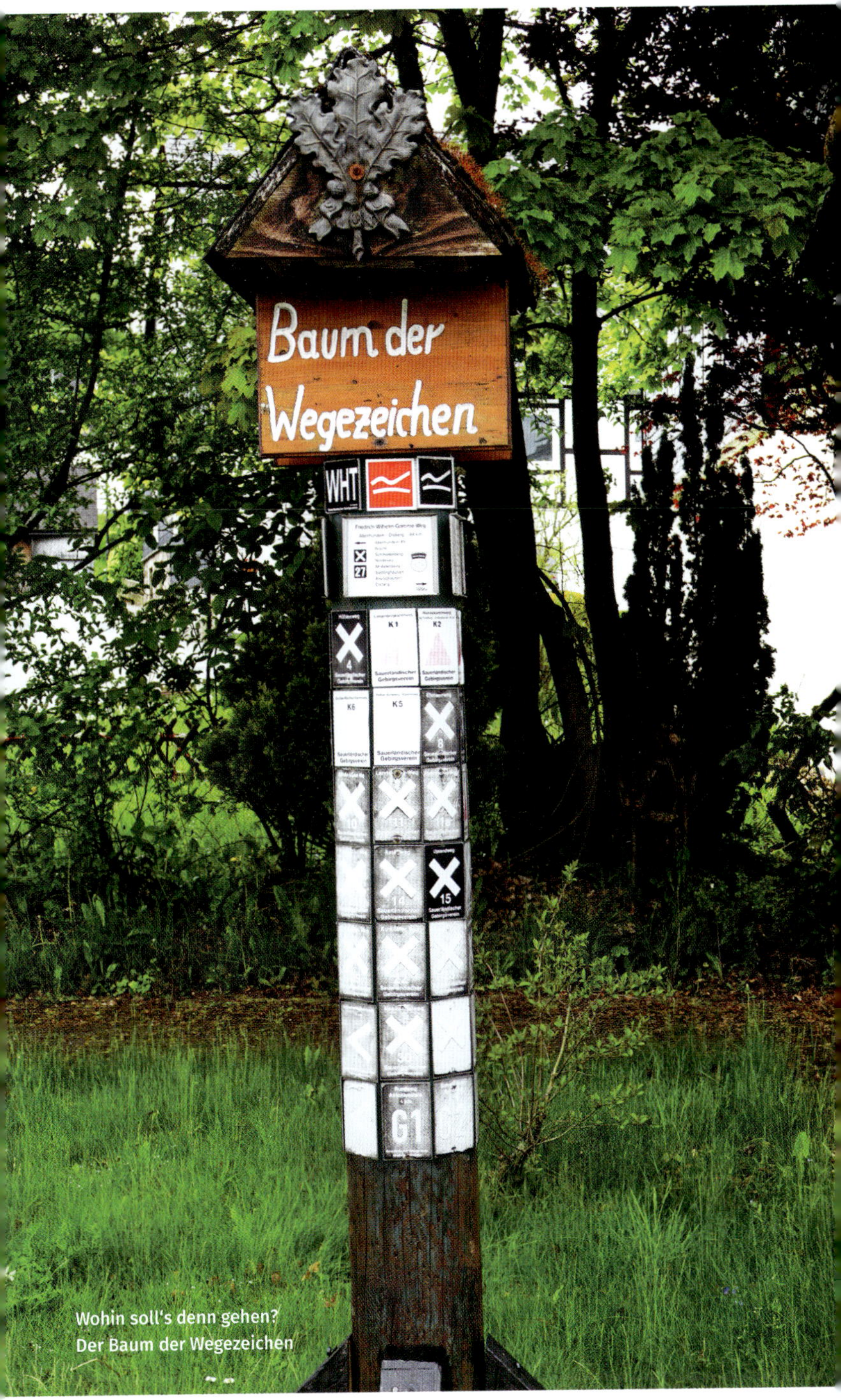

Wohin soll's denn gehen?
Der Baum der Wegezeichen

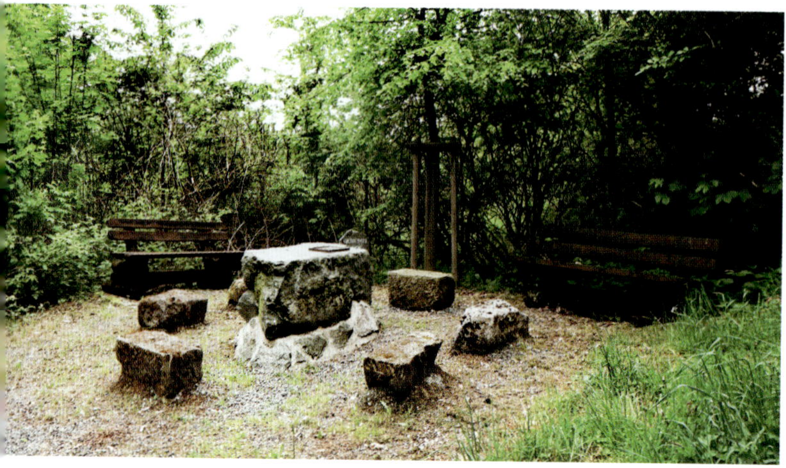

Gerichtsplatz

bald stoßen, verlassen wir sofort wieder und wandern an einem Bach entlang in das sehr liebliche breite Tal der Gröne und der Hille hinab.

An einer der zahlreichen Schutzhütten kommen wir an ein kleines Asphaltsträßchen und überqueren die **Brücke** über die Hille, die sich inzwischen mit der Gröne vereint hat. Die kleine Straße führt uns bis an die Landstraße von Niedersfeld nach Grönebach. Hier gehen wir an der **Baumschule** entlang nach links, und noch bevor wir das nächste Haus erreichen, überqueren wir die Straße und gehen zwischen einer Hecke und einer Baumreihe sofort schräg rechts. Wer hier ins Dorf möchte um einzukehren, wählt die Variante.

MEIN TIPP

Die Runde ist wunderbar aussichtsreich – das heißt allerdings auch, dass sie selten durch Wald führt, also auch wenig Schatten bietet: Ausreichend Getränke, Sonnenschutz und Kopfbedeckung sollte man also unbedingt dabeihaben!

Unser Rundweg folgt für eine Weile der **Trasse**, auf der von 1902 bis 1953 eine Kleinbahn von Steinhelle nach Medebach verkehrte. Nachdem er die **historische Rundbogenbrücke** überquert hat, führt er auf der anderen Seite des Baches den Hang hinauf und trifft auf einen Querweg. Vorsicht: Hier können

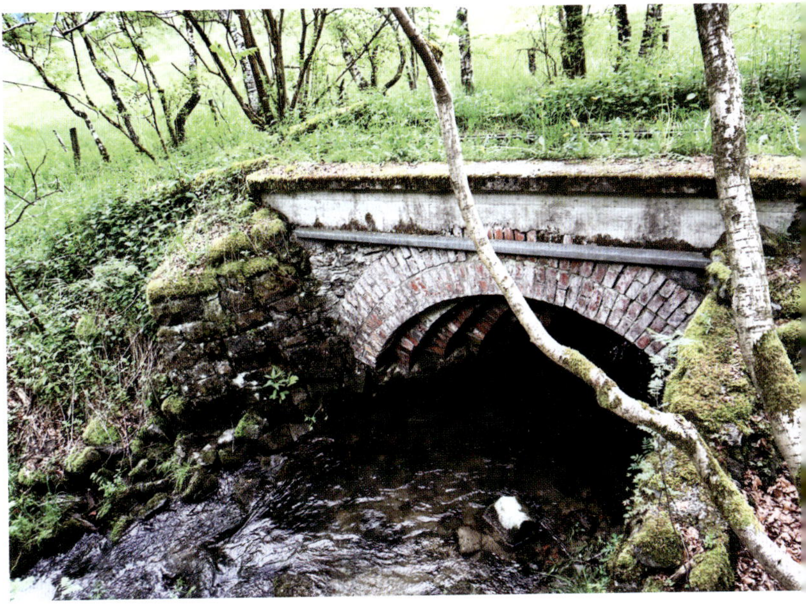

Historische Schmalspurbahn-Brücke: Hier verlief die Bahnlinie von Steinhelle nach Medebach

! WANDER-WISSEN

Die Eisenbahn und die Wanderbewegung

In der Romantik Ende des 18. Jahrhunderts war eine starke Sehnsucht nach dem Wald und der Natur entstanden, die Wiege der Wanderbewegung. Doch die Menschen waren nicht mobil. Erst mit dem Ausbau der Eisenbahn – die erste deutsche Strecke wurde 1835 zwischen Fürth und Nürnberg befahren – gelangten die Menschen halbwegs komfortabel heraus aus den Städten und hinein in die Natur. Bis heute kann man auf Karten erkennen: Wo es keine Bahnlinie gab, gibt es teilweise bis heute kein ausgebautes Wanderwegenetz. Im Sauerland ist das anders: Seit Mitte des 19. Jahrhunderts gab es hier flächendeckend Bahnverbindungen – seit 1891 den Sauerländischen Gebirgsverein – und heute eine der am besten erschlossenen Wanderregionen Deutschlands.

Mountainbiker mit größerer Geschwindigkeit unterwegs sein. Wir wenden uns für gut 50 Meter nach rechts und folgen dem **Dorfpfad** dann nach links überraschend steil bergan.

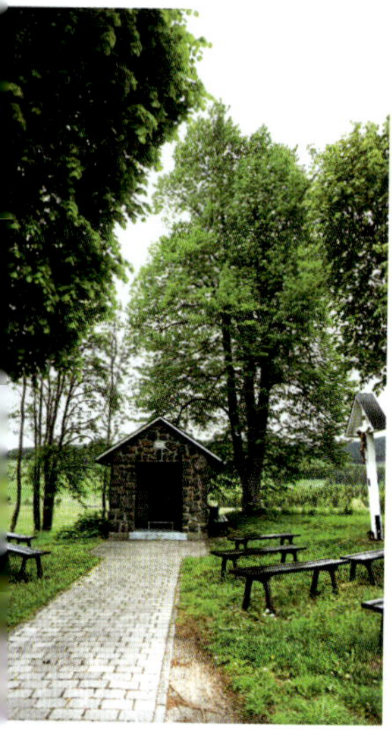

Antoniuskapelle

Oben wenden wir uns nach rechts und folgen dem schmalen Pfad, bis er auf die kleine Straße trifft, die wir überqueren, um auf dem Feldweg weiterzuwandern. Im Tal tauchen die ersten Häuser von **Grönebach** wieder auf, aber wir gehen an dem Dorf vorbei und lassen es bald wieder hinter uns. So kommen wir an die **Antoniuskapelle**, zu der ein Kreuzweg führt. Im spitzen Winkel geht es auf dem Sträßchen wieder zurück und direkt hinter der Kreuzung auf einen wunderbar weichen **Waldpfad** nach links bergab.

Unten führt der Weg auf eine etwas größere Straße zu, überquert diese und zweigt nach wenigen Metern von dem gegenüberliegenden kleinen Asphaltweg nach links ab. Weiter den Beschilderungen folgend führt der Dorfpfad am Eggekopf (681 Meter) vorbei, wo eine **Schutzhütte mit toller Aussicht** steht, bis zur **Entenwiese**. Dort muss man noch einmal aufpassen: Der Dorfpfad führt zwischen den beiden Schutzhütten hindurch auf schmalem Pfad durch das romantische **Bachtal** der Westernau Richtung Grönebach.

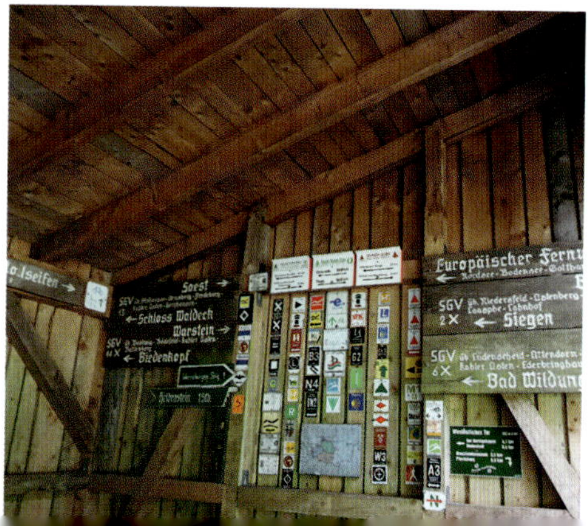

In der Schutzhütte an der Entenwiese

Abstecher

Variante: Abstecher zur Einkehr in Hildfeld

Auf halber Strecke einkehren ist zwar nicht direkt an der Strecke möglich, in Hildfeld gibt es aber verschiedene Angebote. Dafür nach Überqueren der Landstraße einfach geradeaus in die Hildfelder Straße gehen. Die „Clemensberghütte" ist etwa einen Kilometer, das „Hildfelder Stübchen" etwa 500 Meter entfernt.

Clemensberghütte
Hildfelder Straße 70,
Tel. 02985/1300.
Geöffnet mittwochs
bis montags von
11 bis 19.30 Uhr.

Hildfelder Stübchen
Hildfelder Straße 43,
Tel. 02985/8439.
Geöffnet mittwochs
bis samstags von
16 bis 21 Uhr,
sonntags von 11 bis 13.30 Uhr
und ab 16 Uhr.

INFORMATION

Diabas – vulkanisches Urgestein

Über das Hilletal und Hildfeld hinweg sieht man auf dem ersten Teil dieser Runde den großen Tagebau an der Flanke des Clemensberges. Dabei handelt es sich um einen Diabas-Abbau, wie er für diese Region typisch ist, wovon zahlreiche Steinbrüche zeugen. Als besonders hartes Gestein wird Diabas vor allem zum Straßenbau verwendet.

Es bildete sich vor rund 380 Millionen Jahren, als das Gebiet des Rheinischen Schiefergebirges, zu dem das Sauerland gehört, noch von einem Meer bedeckt wurde. Auf dem Meeresboden lagerten sich Tone und Sande ab, die sich verfestigten. Dünnflüssige, basaltische Lava stieg aus dem Erdmantel auf, drang in die Ablagerungen ein und erstarrte rasch. Als die Gesteine unter starkem Druck gefaltet und herausgehoben wurden, entstand vor 300 Millionen Jahren das Rheinische Schiefergebirge, das über die Zeiten durch Verwitterung und Abtragung das heutige Landschaftsbild annahm. Diabase sind dafür zu hart und bleiben als Zeugen der vulkanischen Tätigkeiten bis heute zwischen den tonig-sandigen Gesteinsschichten erhalten und bilden die Gipfel vieler Berge.

Allerdings ist der Clemensberg dafür ein schlechtes Beispiel: Denn sein Gipfel wurde abgebaut und künstlich wieder aufgesetzt (siehe Tour 9).

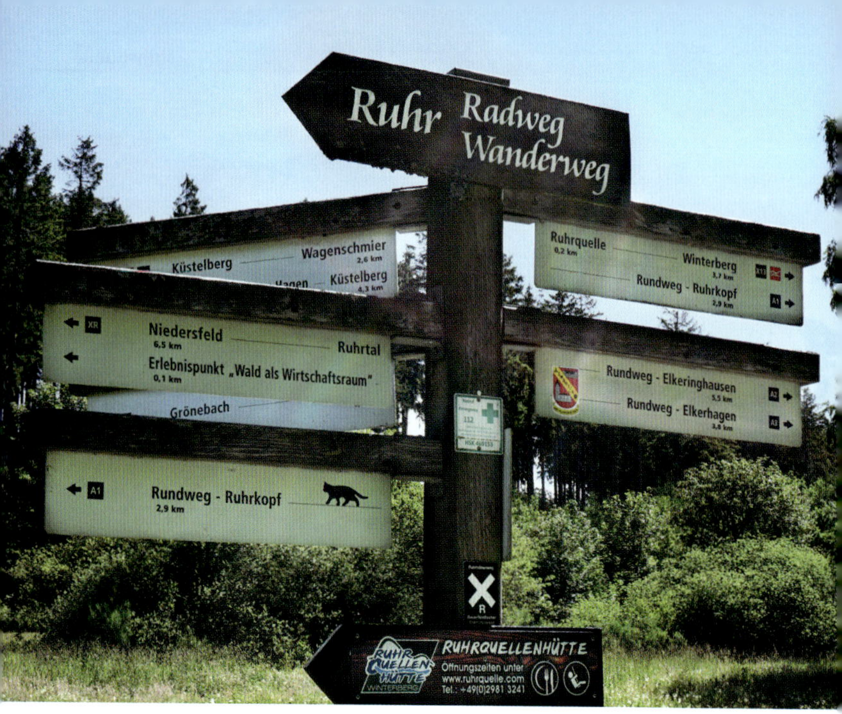

Zur Ruhrquelle

Zum Ursprung

Von Winterberg über den Jakobsweg zur Ruhrquelle

Tour 11

2:30 Std | 8,5 km | leicht | 69 m

Start / Ziel: Bahnhof Winterberg, diverse Parkmöglichkeiten in der Nähe
Wegbeschaffenheit: überwiegend breite und bequeme Wald- und Wiesenwege
Auf- und Abstieg: 168 Meter
Kondition: leicht
Ausrüstung: Wanderschuhe oder Turnschuhe
Zwischenziele: 1. Jakobusbildstock / 2. Ruhrquelle (Highlight) / 3. Info-Punkt Wald als Wirtschaftsraum
Abstecher: 1. Ruhrquellenhütte / 2. Winterberg

Auf dem Ruhrkopf beginnt sie also ihren Weg: die Ruhr, die einem der größten Ballungsräume Europas ihren Namen gibt. Und auch, wenn man natürlich weiß, dass Flüsse an der Quelle eher Rinnsale denn reißende Ströme sind, sind die meisten Besucher erstaunt – so klein tröpfelt das junge Flüsschen unter ein paar Steinen hervor, dass man ihm ein paar unbeachtete Meter geschenkt hat, bevor es etwas unterhalb der eigentlichen Quelle offiziell wie an einem Denkmal in die Welt tritt. Wanderer und Radfahrer treffen sich hier viele, die einen treten von hier aus den Ruhrtal-Radweg an, die anderen kommen vom nahen Parkplatz oder aus den schönen Wäldern des Ruhrkopfes, der alleine schon wegen seiner Aussichten den leichten Weg hierher unbedingt lohnt. Bemerkenswert ist aber vor allem das liebliche Hochtal der Ruhr: Man kann das kleine Wasser zwischen den üppigen Wiesen kaum sehen, und trotzdem hat es im Laufe der Jahrtausende dieses breite, sanft abfallende Tal geprägt.

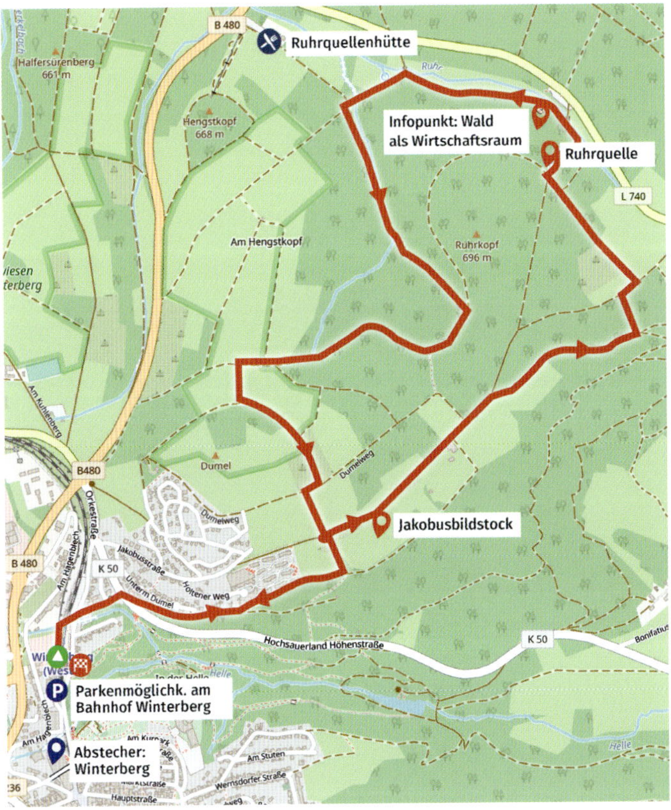

WEGBESCHREIBUNG

Der Rundweg startet gegenüber dem großen Parkplatz am Winterberger Bahnhof. Dort zweigt die Orkestraße von der viel befahrenen Hauptstraße ab. Der Wanderweg zur Ruhrquelle ist hier ausgeschildert. Er führt noch einmal über eine größere Straße und geht direkt gegenüber auf einem beschrankten Fußweg oberhalb der Straße weiter. Wir folgen der Beschilderung unterhalb der Häuser entlang auf einem recht ebenen Weg. Rechts von uns fällt das Helletal sehr schnell ab, so dass die Straße bald weit unter uns liegt. Das eröffnet eine schöne **Aussicht auf Winterberg** und sein prägendes Oversum-Hotel am Kurpark.

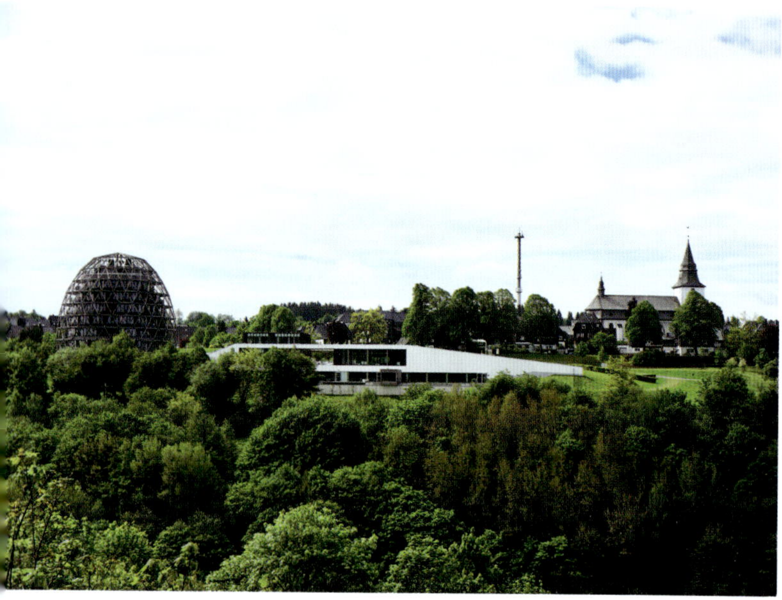

Blick auf Winterberg

Nach einer kleinen Treppe lassen wir die letzten Häuser hinter uns und gehen auf einem breiten Weg weiter am Hang entlang, bis wir links an eine Art **Holzsteg** stoßen. Dort folgen wir der Beschilderung und gehen an dem Steg vorbei im rechten Winkel die Wiese für ein Stück recht steil hinauf auf eine Bank und eine **Informationstafel** zu.

Oben queren wir die alte Heidenstraße und nehmen ein paar Stufen bis zu einem querführenden Asphaltsträßchen. Vorsicht: Hier sind viele Radfahrer unterwegs. Wir biegen nach rechts ab, folgen dem Sträßchen und kommen an einem **Jakobusbildstock** vorbei, der an der **alten Pilgerweg-Route** steht. Auf der Bank sollte man unbedingt verweilen und die fantastische Aussicht genießen.

Weiter geht es auf dem Sträßchen mit weiten Aussichten, bis wir eine **Schutzhütte** erreichen, vor der wir nach rechts auf einen sehr schönen und bequemen Waldweg abbiegen. Nach ungefähr 600 Metern zweigt der beschilderte Weg Richtung Ruhrquelle nach links

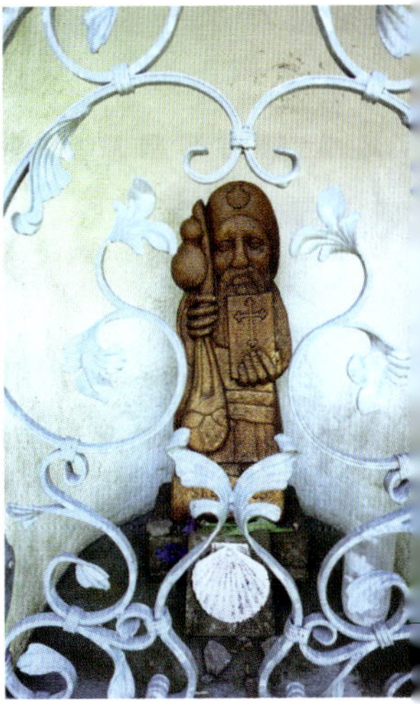

Jakobusbildstock am Dumel: Auch hier ist man auf dem Jakobsweg unterwegs

WANDER HIGHLIGHT

Ruhrquelle

Was hier oben an der nordöstlichen Flanke des Ruhrkopfes auf einer Höhe von 674 Metern ganz unscheinbar entspringt, wird 221 Kilometer entfernt und 657 Höhenmeter tiefer in Duisburg-Ruhrort in den Rhein münden. Die Ruhr: Kaum vorstellbar inmitten der lieblichen Wiesen im Angesicht dieses kleinen morastigen Rinnsals, wie prägend dieser Fluss für Deutschland und seine Industriegeschichte war und ist. Etwas unterhalb der Quelle hat man ihr einen etwas repräsentativeren Auftakt gemauert und mit Denkmals-Stein versehen – und tatsächlich ist der Besuch dieser Stätte so etwas wie ein Muss für jede Nordrhein-Westfälin, insbesondere für jeden Ruhrgebietsbewohner. Und wie viele Anrainer es gibt, davon zeugt alleine die Liste der Großstädte an ihrem Lauf: Dortmund, Hagen, Witten, Bochum, Essen, Mülheim, Oberhausen, Duisburg. Am Ruhrkopf befindet sich übrigens auch die Rhein-Weser-Wasserscheide – denn die Bäche, die nur etwas um den Berg herum entspringen und in Richtung Südosten fließen, münden in die Orke und mit ihr in Fulda und Weser.

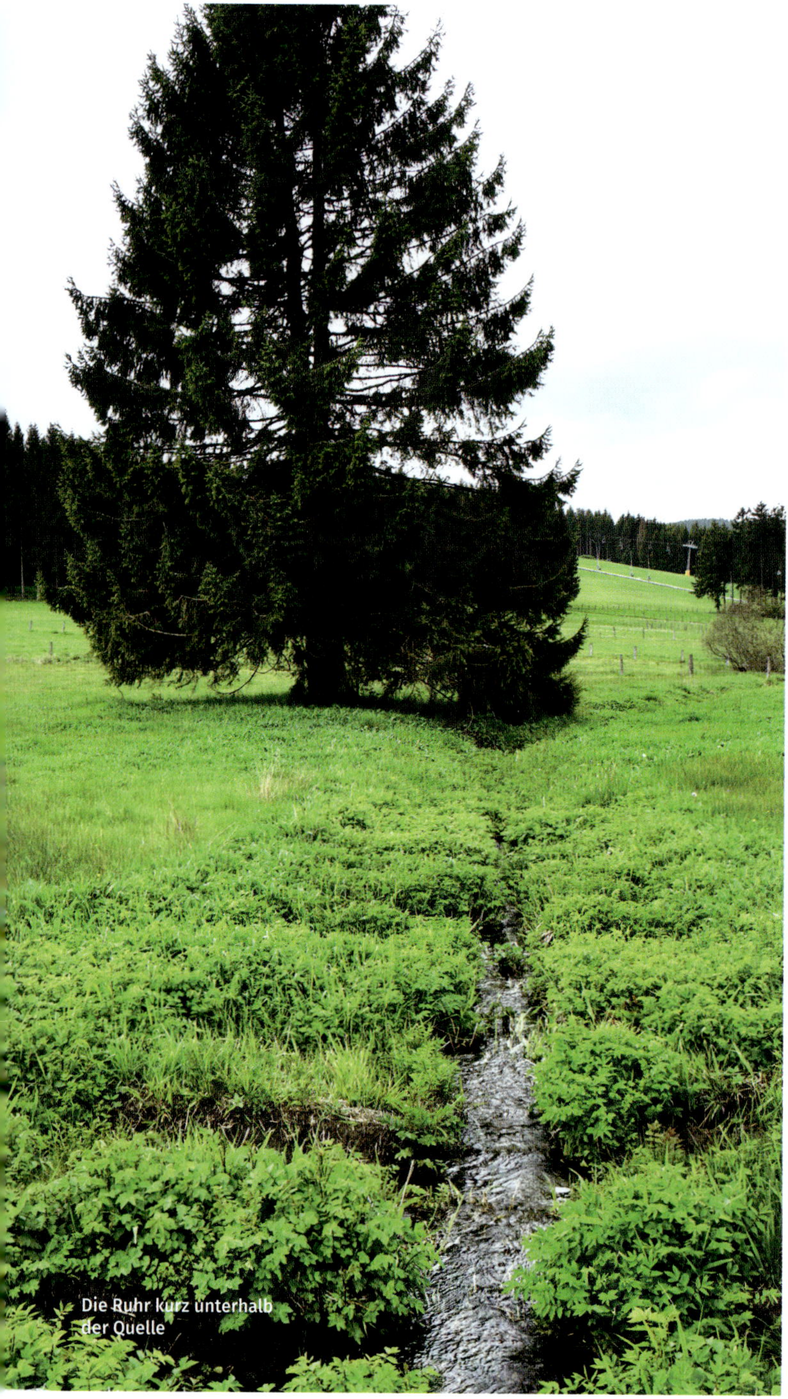

Die Ruhr kurz unterhalb der Quelle

ab und führt für ein kurzes Stück recht steil den Berg hinauf und aus dem Wald heraus. Wir folgen ihm über eine freie Bergflanke und wieder in den Wald hinein bis zu seinem Ziel.

Von dort gibt uns zunächst der Verlauf der Ruhr die Richtung vor, und wir wandern auf dem breiten Weg das flache Tal leicht abwärts, kommen an einigen **Pavillons** vorbei, in denen die Holz- und Forstwirtschaft zahlreiche Informationen anbietet, und biegen bei nächster Gelegenheit nach links ab. An der folgenden Kreuzung können wir zur Einkehr in Richtung **Ruhrquellenhütte** (Entfernung: 300 Meter) nach rechts abbiegen.

Ohne diesen Abstecher wenden wir uns an dieser Kreuzung nach links, wieder in Richtung Ruhrquelle. Moderat bergan führt dieser Weg durch ein kleines **Bachtal** bis zu einer Kreuzung, an der wir nach rechts abbiegen. Dem breiten Forstweg folgen wir, bis er an einem großen Wegkreuz aus dem Wald hinausführt. Dort biegen wir noch nicht links ab, sondern gehen noch ein Stück geradeaus und nehmen den nächsten Weg, einen Wiesenpfad nach links, der auf ein Wäldchen auf der Höhe des

EINKEHR AM WEG

Ruhrquellenhütte
Haarfelder Straße 101, 59955 Winterberg. Tel. 02981/3241. Im Sommer geöffnet dienstags bis sonntags sowie an Feiertagen ab 11 Uhr. In der Skisaison täglich von 9 bis 18 Uhr geöffnet.

INFORMATION

Heidenstraße und Jakobsweg

Auf dieser Runde trifft man auf Spuren der alten „Heidenstraße", die einst von Köln nach Kassel und weiter nach Leipzig führte. Es ist möglich, dass dieser Verbindungsweg schon zu Zeiten der Römer existierte, belegt ist aber mindestens für das Jahr 1000, dass Kaiser Otto III. ihn für eine Reise von Gnesen nach Aachen benutzte. Und wo Handel Infrastruktur geschaffen hatte, bewegten sich auch die Pilger. Und auch durch den neuen Trend zum Pilgern auf historischen Pfaden geraten die alten Handelsstraßen wieder stärker ins Bewusstsein.

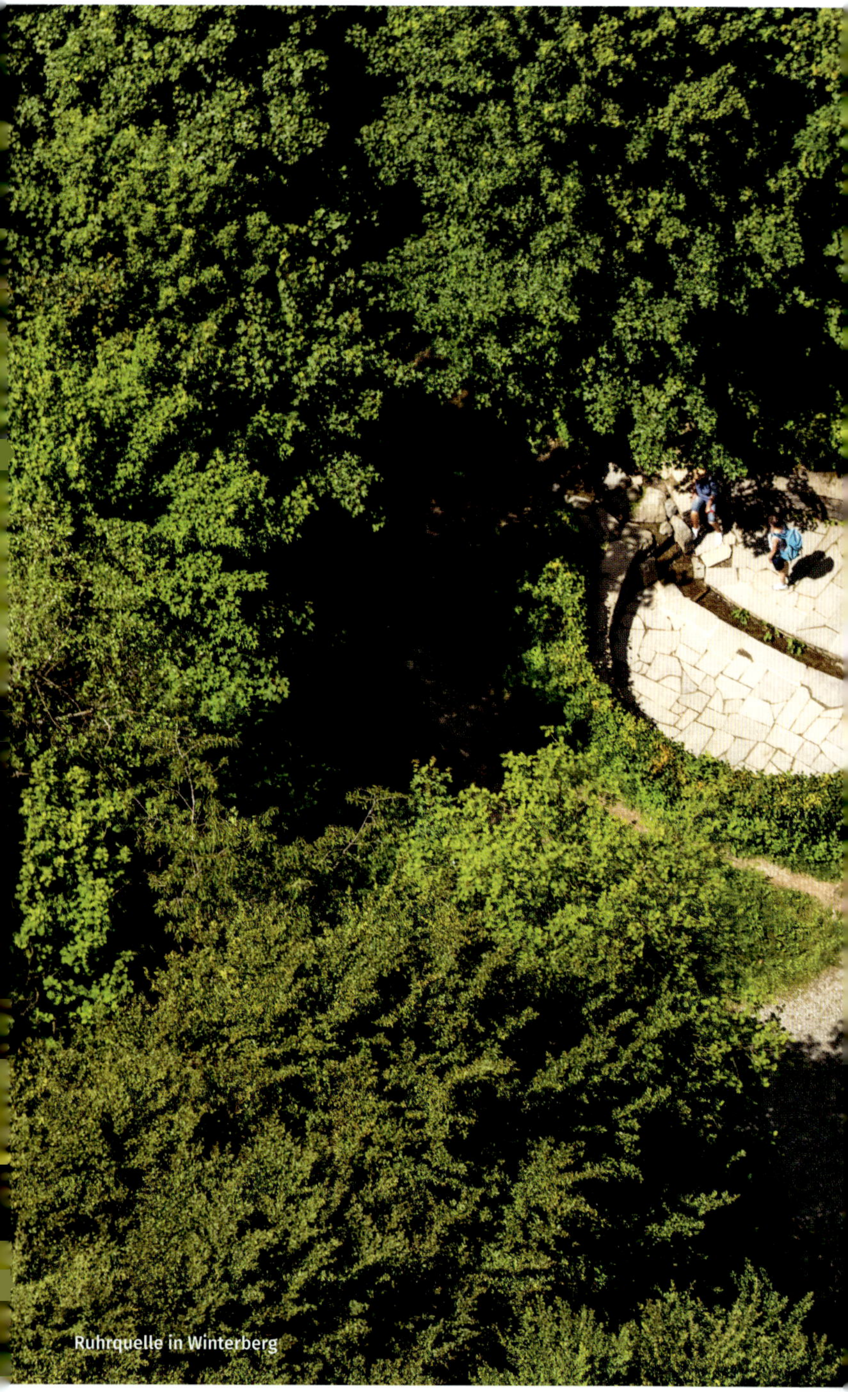

Ruhrquelle in Winterberg

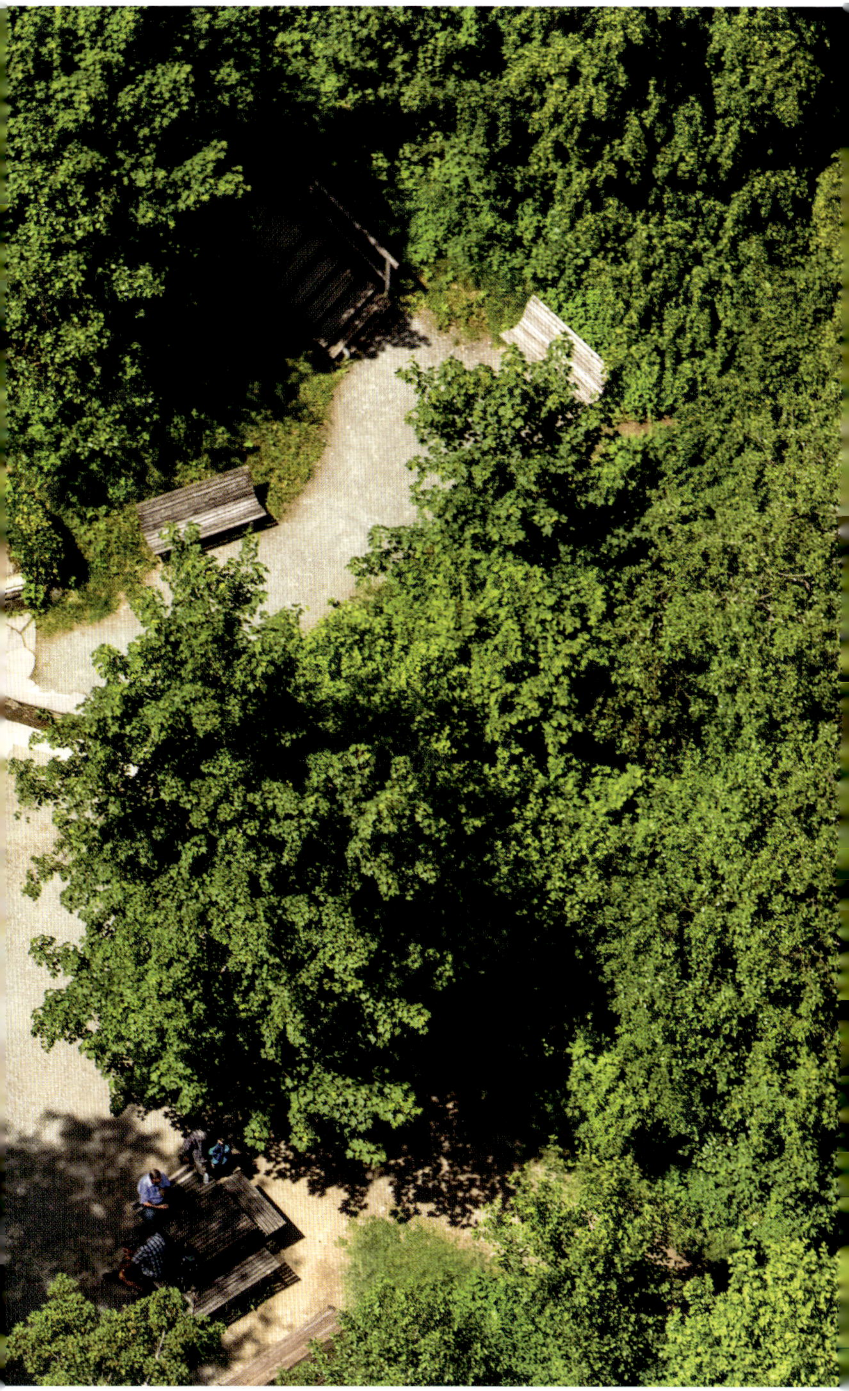

Dumels (720 Meter) zuführt. Vor dem Wäldchen gehen wir links und im Bogen um den Kopf herum. Von hier oben eröffnen sich beeindruckende Weitsichten.

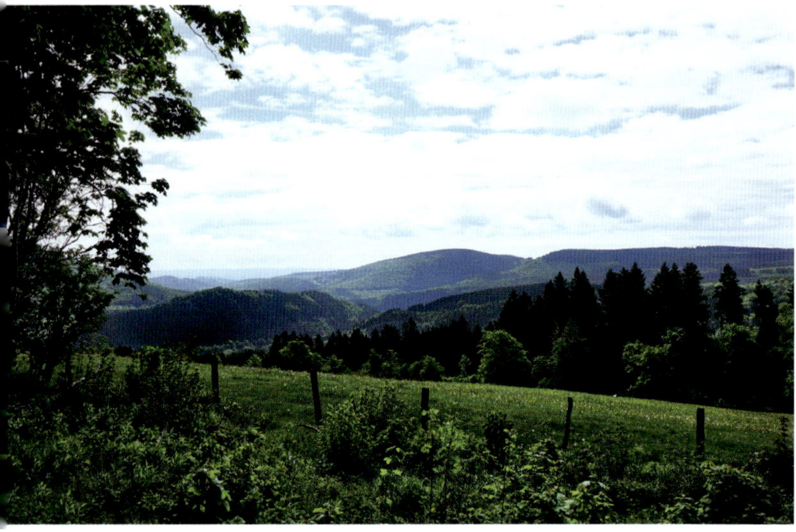

Schöne Aussicht

An einem eingezäunten Grundstück entlang treffen wir auf einen Querweg, in den wir nach rechts einbiegen, um schon nach wenigen Metern wieder nach links abzuzweigen. Auf dem Asphaltsträßchen wenden wir uns nach links und erreichen rechts die Treppe, an der sich unsere Runde schließt. Von hier aus gehen wir auf dem gleichen Weg zurück nach Winterberg.

MEIN TIPP

Es scheint, als wäre die atmungsaktive Regenjacke ein nie zu erreichender Traum – schon gar, wenn man darüber noch einen Rucksack trägt. Auf nicht schwierigen Wegen gehe ich deswegen nie mehr ohne meinen leichten Schirm, der nur 200 Gramm wiegt. Was ich früher für uncool hielt, ist der beste Regenschutz, den man sich als Wanderin wünschen kann: Die Kleidung bleibt von innen und außen trocken, und der Rucksack ist ebenfalls geschützt.

Winterberg

Die höchstgelegene Stadt Nordrhein-Westfalens stapelt ein bisschen zu tief, wenn sie einfach immer nur auf die unendlichen Möglichkeiten hinweist, in der Umgebung zu wandern oder Ski zu fahren. Denn der Ort hat selbst einiges zu bieten: für einen so kleinen Ort erstaunlich viele Einkaufsmöglichkeiten, Gastronomie für jeden Geschmack und viele schöne Ecken, die einen Besuch lohnen. Das älteste Fachwerkhaus stammt aus dem Jahr 1759 und hat, wie einige andere Häuser auch, den verheerenden Stadtbrand 1791 überstanden. Die Pfarrkirche, eine Hallenkirche, deren Wurzeln bis ins 13. Jahrhundert zurückreichen, ist ebenfalls sehenswert. Dreimal brannte die Kirche, dreimal bauten die Winterberger sie wieder auf. Geweiht ist sie dem Heiligen Jakobus, was wieder darauf hinweist, dass Winterberg eine wichtige Station der Pilger auf dem Weg nach Compostela war.

Pfarrkirche St. Jakobus in Winterberg

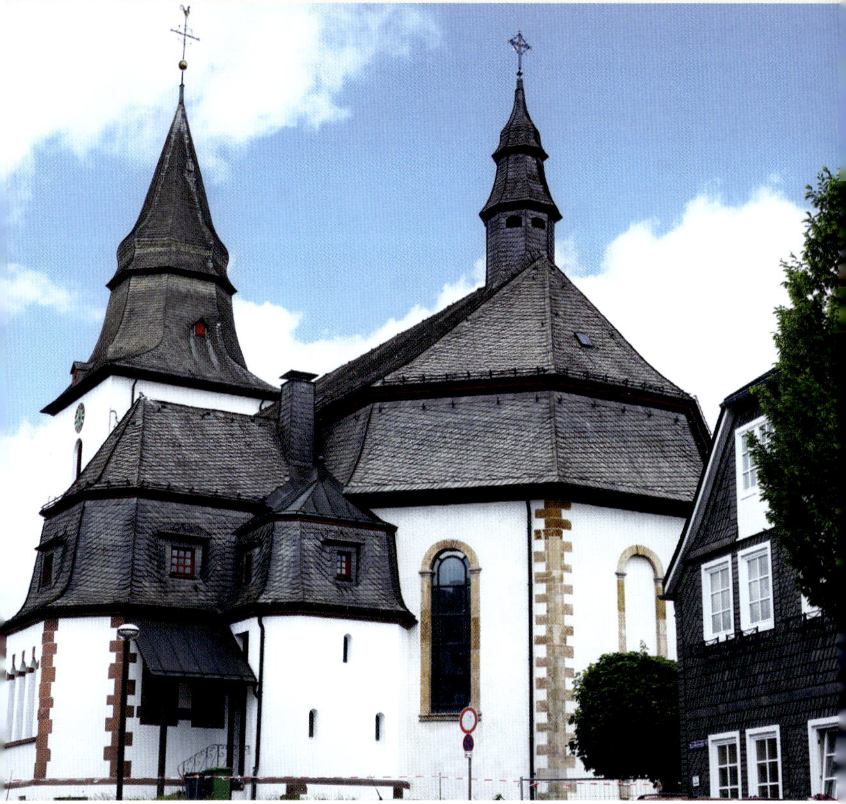

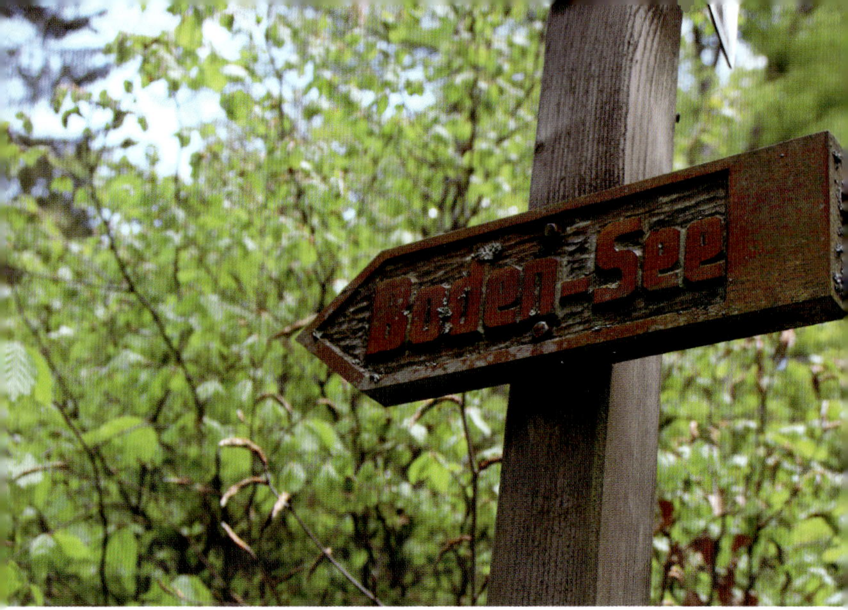

Wegeschild zum Bodensee

Hinab in die Helle!

Von Winterberg durch die Helleklamm ins Orketal und über den Schmantel zurück

Tour 12

2:45 Std | 7,5 km | schwer | 191 m

Start / Ziel: Kurpark Winterberg, Parkmöglichkeiten vor der Touristen-Information
Wegbeschaffenheit: bis Elkeringhausen überwiegend schmale Wald- und Wiesenwege, kurze steilere Passagen, Treppen, bei Nässe kann es auf dem lehmigen Untergrund und den Holzstufen rutschig sein, auf dem Rückweg breite, aber steile Forstwege
Auf- und Abstieg: 230 Meter
Kondition: wegen des Anstiegs von der Orke bis Winterberg gute Kondition erforderlich
Ausrüstung: hohe Wanderschuhe, Stöcke
Zwischenziele: 1. Schluchten- und Brückenpfad (Highlight) / 2. Bodensee 3. Orketal
Abstecher: Bergwiesenpfad

Direkt unterhalb der Stadt, wenige Meter nur entfernt vom Winterberger Bahnhof oder dem Kurpark, geht es steil hinab. Und damit ist in diesem Fall noch viel zu wenig gesagt: Das Gelände fällt förmlich ins Nichts. Ein kleiner Bach, der unterhalb des Kurparks entspringt, hat hier eine echte Klamm geformt, so tief und so abrupt, dass man beim ersten Mal einfach überrascht sein wird – und froh, wenn man die Warnungen ernst genommen hat und festes Schuhwerk trägt. Diese Runde führt auf dem „Schluchten- und Brückenpfad" auf sehr abschüssigen, aber gut gepflegten Wegen, Treppen und Brücken zum Bodensee und dann weiter an der nunmehr lieblich dahinfließenden Helle entlang bis fast nach Elkeringhausen. Dort mündet die Helle in die Orke, deren Tal folgend die Runde einen kleinen Bogen schlägt, bevor es dann – leider musste es ja irgendwann so kommen – stramm wieder bergauf in Richtung Winterberg geht, nun allerdings auf einem breiten Forstweg.

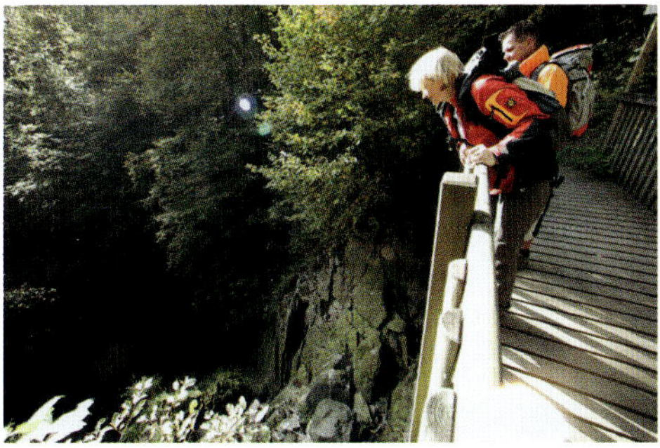

Wanderer auf dem Brücken- und Schluchtenpfad im Helletal

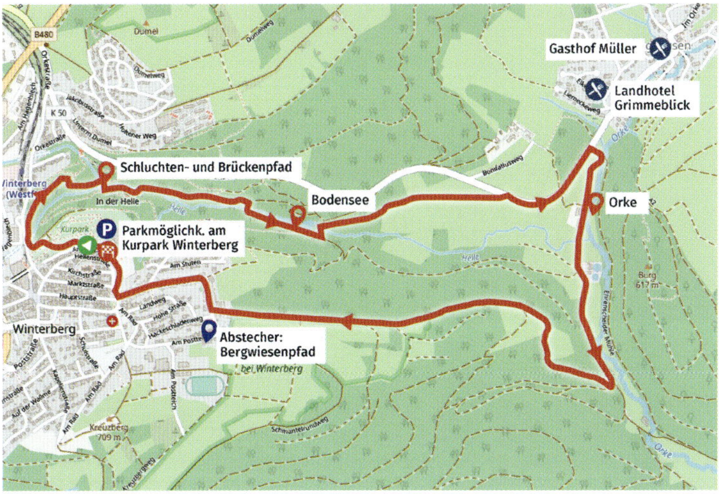

WEGBESCHREIBUNG

Wir starten diese Runde am Musikpavillon des Winterberger Kurparks. Dort führen direkt unterhalb der Straße einige Stufen zur **Hellequelle** und dann auf den Waldweg, der oberhalb der sich unmittelbar eröffnenden Schlucht am Hang entlangführt. Es ist sonderbar, noch die Autos von der Straße hören zu können und sich gleichzeitig sofort in solcher Wildnis zu befinden.

An einer Kreuzung zweigt nach links der Weg zum Bahnhof ab, nach rechts geht es nun steil hinab ins Tal. Wir kommen an eine Stelle, an der sich zwei Schluchten vereinen, über beide führen Holzbrücken. Unsere Runde biegt nach rechts ab und wählt den unteren Weg über die rechte Brücke. Direkt oberhalb der **Helle-Schlucht** geht es weiter Richtung Bodensee auf einem lehmigen Weg, der dann über eine Treppe tief hinab bis zu einer wei-

VARIANTE

Vom Bahnhof

Schräg rechts vor dem Bahnhofsgebäude den Zebrastreifen überqueren. Direkt gegenüber steht ein Schild, das den Zugangsweg zum Schluchten- und Brückenpfad weist. Der breite Weg führt von einer Informationstafel steil ins Tal und stößt dort bald auf den Hauptweg.

Es geht steil hinunter

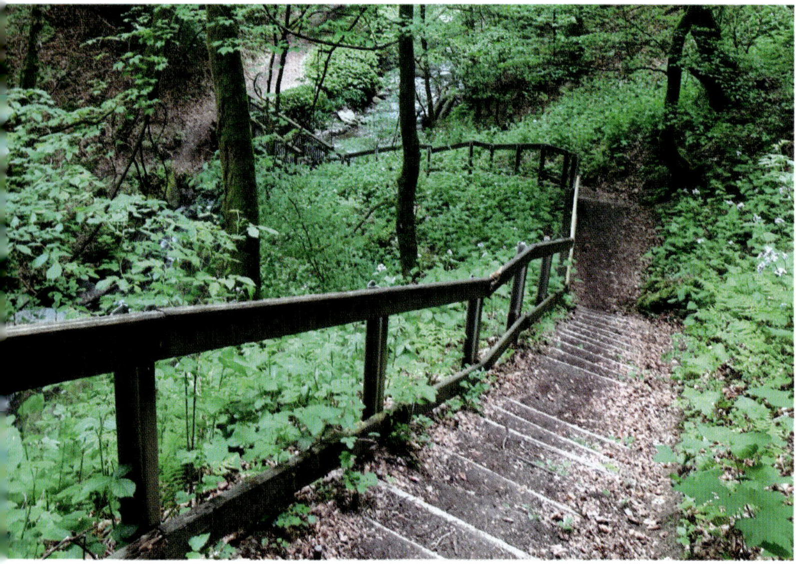

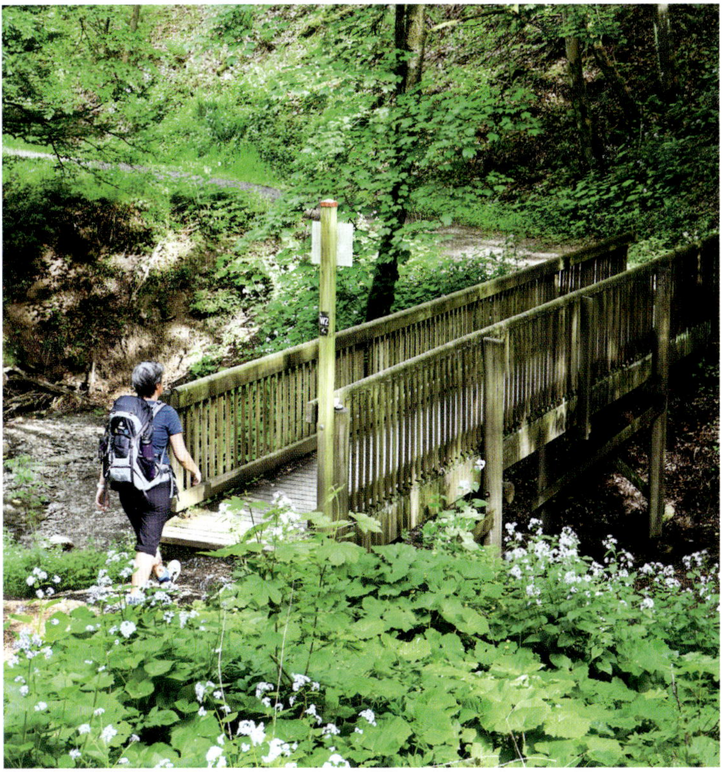

Wanderin im Helletal

teren Brücke führt. Am Bach entlang geht es weiter, bis wir dem Schild zum Bodensee nach rechts folgen und die Helle überqueren. Über ein breites Schotterbett fließt diese in den See, an dem entlang wir bis zur nächsten Kreuzung wandern. Hier wenden wir uns nach links, es geht leicht abwärts und dann gegenüber einer Informationstafel nach rechts in den schmalen Wanderpfad Richtung Elkeringhausen, der mit **A3** bezeichnet ist.

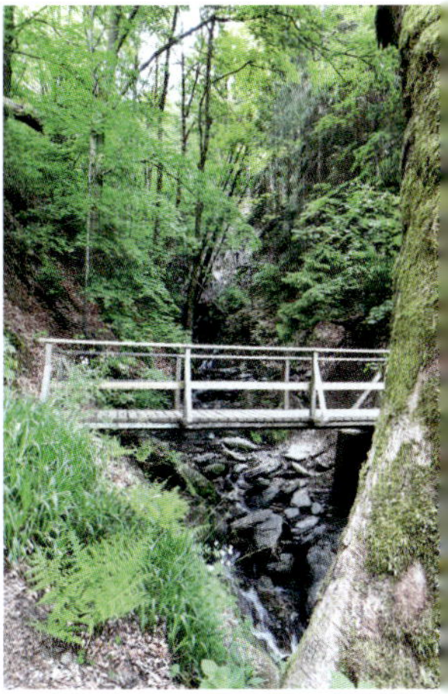

Mittelgebirgsklamm direkt unterhalb der Stadt

Es geht durch einen Fichtenforst und durch schönen Wald. Etwas irritierend ist die Tatsache, dass man aus Kanaldeckeln lautes Wasserrauschen hören kann. Bald öffnet sich der Wald und unser Weg führt durch das nunmehr sehr liebliche Helletal in Richtung Orketal. Bevor wir die Orke erreichen, führt uns der **A3** aber noch an eine Straße, die vor allem von Motor- und Fahrrädern stark befahren ist. Wir biegen nach rechts in die Straße ein – allerdings befindet sich auf der rechten Seite der Straße ein schmaler Pfad, auf dem wir gehen können. Rechts zweigt ein Privatweg ab, auf

WANDER HIGHLIGHT

Winterberger Schluchten- und Brückenpfad

„Alpenländische Klamm mit Regenwald-Atmosphäre“, naja, vielleicht ist das, was auf der Informationstafel am Eingang der Helletal-Klamm steht, doch ein kleines bisschen übertrieben. Dabei hat der „Schluchten- und Brückenpfad“ ins Helletal überhaupt keine Übertreibung nötig: Das zerklüftete und unmittelbar tief abfallende Tal mit seinen gepflegten Wegen und Brücken ist ein echtes Erlebnis – auch für eine kürzere Runde als die hier beschriebene. Die Wege sind gut ausgeschildert, sollten aber auf keinen Fall ohne gute Wanderschuhe und bei mangelnder Trittsicherheit in Angriff genommen werden.

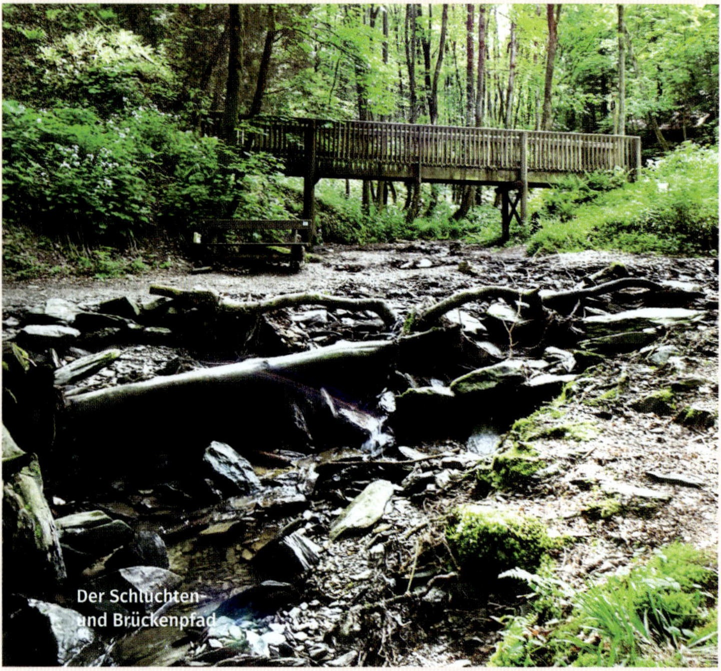

Der Schluchten- und Brückenpfad

dem wir aber, anders als in den meisten Karten eingezeichnet, nicht weiterkommen. Deswegen überqueren wir die Hauptstraße und gehen an ihrer linken Seite weiter Richtung Elkeringhausen, bis nach rechts ein Wanderparkplatz beschildert ist. Dort biegen wir ein, und vor der **Orkebrücke** gehen wir noch einmal nach rechts.

Im idyllischen Orketal

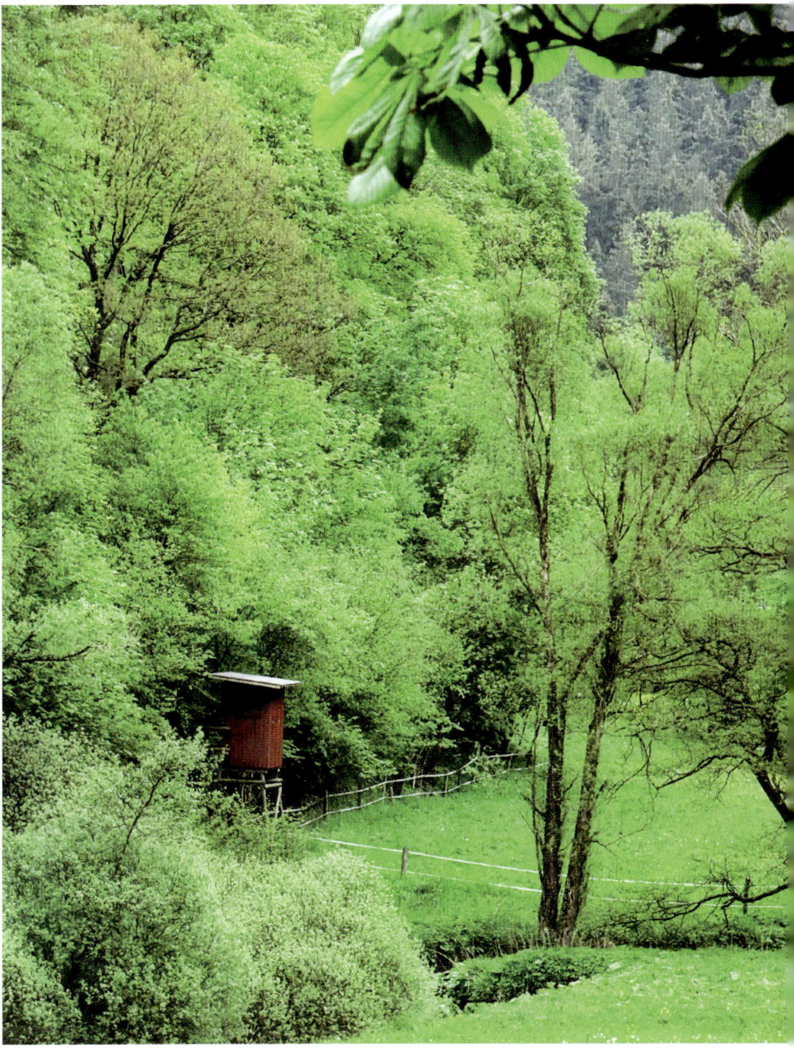

EINKEHR IN DER NÄHE

auf halber Strecke in Elkeringhausen:

Gasthof Müller
Im Orketal 23,
Tel.02981/7357.
Geöffnet täglich außer mittwochs ab 11 Uhr.

Landhotel Grimmeblick
Am langen Acker 5,
Tel. 02981/92660.
Geöffnet täglich außer montags und freitags von 12 bis 14 Uhr, täglich ab 18.30 Uhr.

Nachdem wir die Helle an ihrer Mündung überquert haben, wandern wir an einer kleinen Kläranlage geradeaus noch für eine Weile oberhalb der Orke entlang. An der nächsten Kreuzung biegen der **A3** und der **W2** in Richtung Winterberg von dem Sträßchen nach rechts ab. Der breite Waldweg beschreibt eine enge Kurve nach rechts und führt dann auf einem langgezogenen und steilen Anstieg bergauf.

Immer diesem Weg folgend und alle Abzweigungen nach links ignorierend erreichen wir schließlich die ersten Häuser von Winterberg. An der ersten Abzweigung biegen wir nach rechts ab und folgen der Wernsdorfer Straße bei nächster Gelegenheit nach links. So erreichen wir das Zentrum von **Winterberg**. Geradeaus führt die Hauptstraße in die Ortsmitte, aber wir wenden uns nach rechts und erreichen an der Kongresshalle und der Tourismuszentrale vorbei wieder den Kurpark.

WANDER-WISSEN

Links gehen

Manchmal lässt es sich einfach nicht vermeiden: Dann führt eine Wanderung auch einmal für eine Weile über eine Straße – so wie auch diese Runde kurz vor Elkeringhausen. Was viele heute offenbar nicht mehr wissen ist, dass die Straßenverkehrsordnung das Verhalten in diesen Fällen eindeutig regelt: Fußgänger sind grundsätzlich verpflichtet, vorhandene Gehwege zu benutzen. Auf der Fahrbahn darf man nur dann gehen, wenn weder Gehweg noch Seitenstreifen vorhanden ist. Dann müssen Fußgänger außerhalb geschlossener Ortschaften links, also dem Verkehr entgegengehen, „wenn es zumutbar ist“. Wenn die Verkehrslage es erfordert, muss einzeln hintereinander gegangen werden. Innerorts sind übrigens beide Seiten erlaubt.

Abstecher

Himmel und Helle

Wem nach der tiefen Schlucht nach Licht und Luft zumute ist, kann kurz vor Ende dieser Runde noch den Bergwiesenpfad erwandern. Der Weg, der mit einem orangefarbenen Dukatenfalter markiert ist, führt über drei Kilometer durch die artenreichen Bergwiesen des Winterberger Kreuzbergs und bietet zusätzlich zur schönen Landschaft an sieben Stationen zahlreiche Informationen. Von dieser Runde aus erreicht man den Weg, indem man aus dem Orketal kommend nach den ersten Winterberger Häusern statt nach rechts nach links und nach hundert Metern wieder links in den Schmantelrundweg abbiegt.

Bergwiesenpfad mit Wegweiser Naturweg

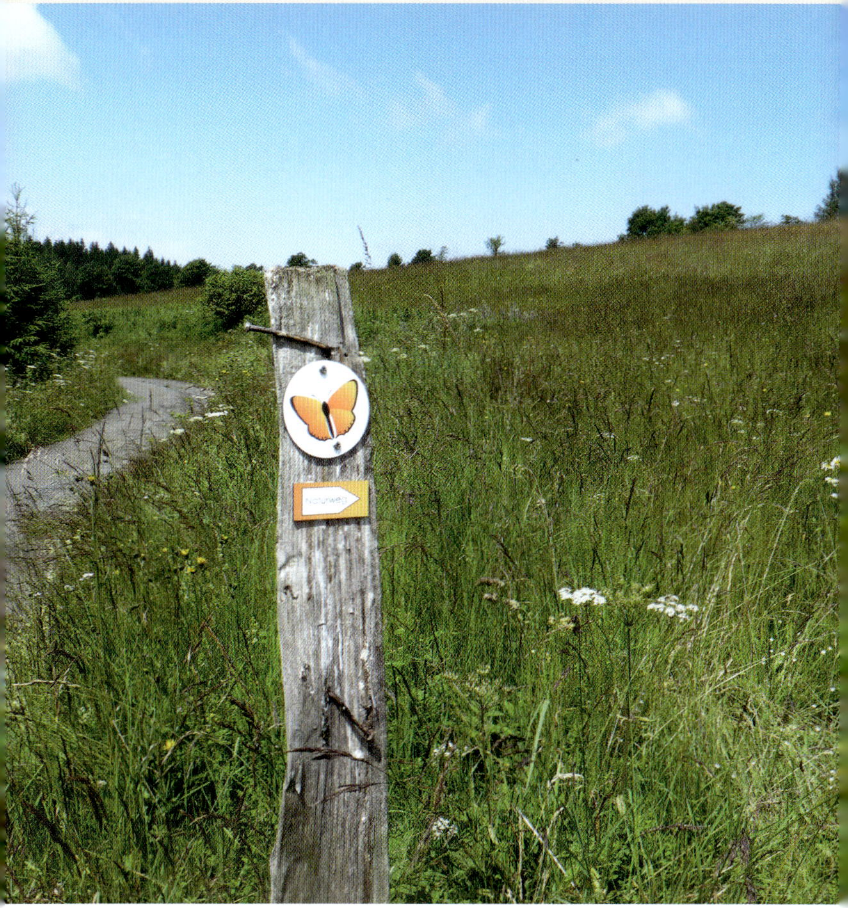

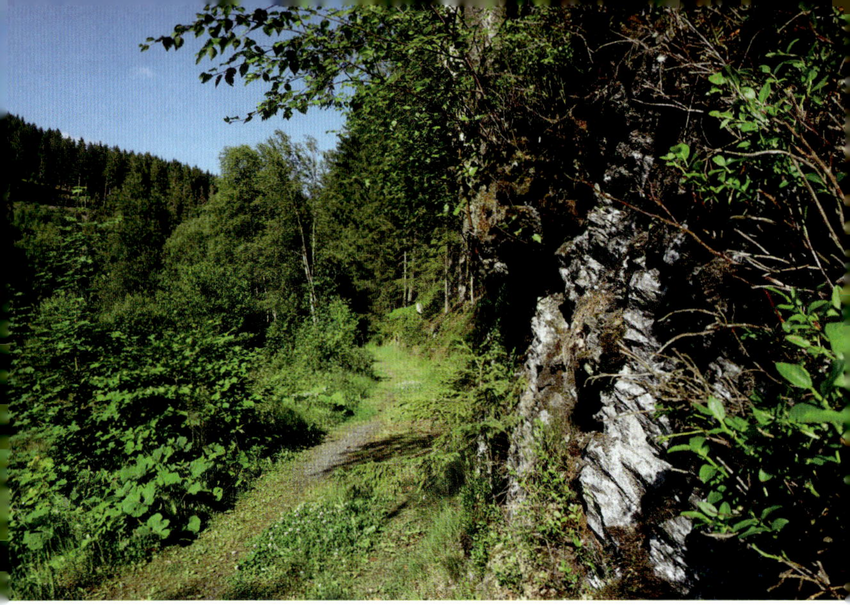

Im Ahre-Tal

Wahrhaft mythisch

Außergewöhnliche Natur- und Kulturrunde über das Ziegenhelle-Massiv bei Züschen

Tour 13

5:30 Std | 18,5 km | schwer | 344 m

Start / Ziel: Wanderparkplatz in Winterberg-Züschen, Mollseifener Straße
Wegbeschaffenheit: breite Forst- und Waldwege, schmale und gute Wanderpfade
Auf- und Abstieg: 650 Meter
Kondition: schwer
Ausrüstung: knöchelhohe Wanderschuhe, evtl. Stöcke, Getränke, Proviant, Insektenschutz, im Sommer lange Hose gegen die Gräser und Zecken
Zwischenziele: 1. Hackelberg-Kapelle / 2. Aussichtspunkt / 3. Ziegenhelleturm (Highlight) / 4. Femegericht „Freier Stuhl“ (Highlight) / 5. Opfersteine (Highlight) / 6. Silbersee-Biotop
Abstecher: Nuhne-Ursprung

Die Umgebung der Ziegenhelle war ein Ort der germanischen Götter. Unten im Tal in Züschen haben die Menschen in vorchristlicher Zeit eine Rune in die Landschaft gezeichnet. Auf dem mit dieser Rune, gekennzeichneten Rundweg, dem diese Tour zu weiten Teilen folgt, lernt man viel über unsere Vorfahren – über Germanen und Kelten – aber auch die späteren Versuche, im Mittelalter Recht und Gerechtigkeit zu wahren. Sehr berührend sind die bis heute fast unauffindbar im Wald stehenden Opfersteine, an denen die Menschen aus Züschen in kriegerischen Auseinandersetzungen Schutz suchten und fanden.

Es braucht schon etwas Kondition für diese Wanderung, dafür belohnt sie mit so vielen unterschiedlichen Eindrücken, besonderen Orten, historischen Plätzen, weiten Ausblicken und wunderschöner Natur, dass das Gefühl von Anstrengung gar nicht entsteht. Das liegt neben der innerlichen Zufriedenheit sicherlich auch daran, dass die Steigungen und Abstiege fast alle sehr moderat sind – für zwei etwas steilere Abstiege lohnt es sich eventuell, Stöcke mitzunehmen.

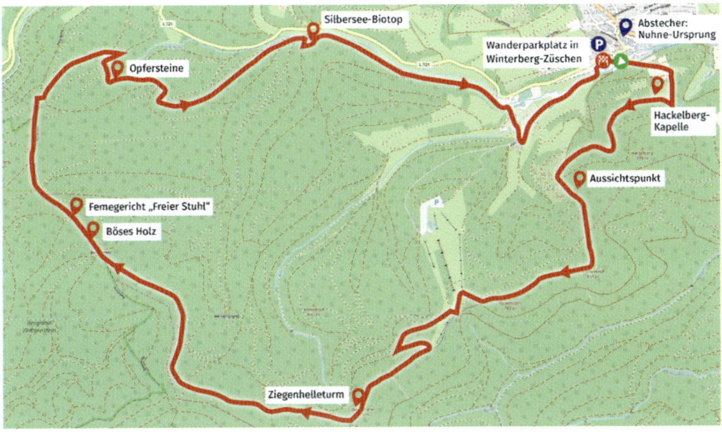

WEGBESCHREIBUNG

EINKEHR

Züschen bietet eine ganze Reihe von Gasthöfen und Cafés, die zur Einkehr einladen. Am Weg gibt es keine Möglichkeit.

INFORMATION

Der Mythen-und Sagenweg, dem diese Route teilweise folgt, ist insgesamt 26 Kilometer lang, kann aber in zwei Runden erwandert werden. Informationen unter **www.zueschen.de**

Am Ende des Parkplatzes wandern wir für knapp 200 Meter auf einer Radtrasse von der Straße weg und nutzen die erste Möglichkeit, die Spur nach rechts zu verlassen und auf einem Kreuzweg bergauf zu wandern. Markiert ist er unter anderem mit der Rune, die den **„Mythen- und Sagenweg"** bezeichnet. Diesem folgend geht es auf einem Abstecher zur **Kapelle** und anschließend von dieser kommend rechts bis zur nächsten Kreuzung. Hier zweigt die Runen-Markierung im spitzen Winkel nach rechts ab.

Der schöne Weg führt in den Wald und verjüngt sich zu einem schmalen Waldpfad, bevor er auf ein Asphaltsträßchen trifft. Dort wenden wir uns nach links bergauf und kommen an einem **Aussichtsplatz** vorbei. Am Ausgang einer langgezogenen Rechtskurve verlässt die Rune den breiten Weg an einer Informationstafel und führt auf schmalem Pfad hangaufwärts in den Wald. Bevor man die Kuppe des Bächenkopfes (691 Meter) erreicht, weisen die Markierungen nach rechts und führen auf eine Art freie Fläche mitten im Wald. Diese überqueren wir und gehen über einen Kammweg bergan auf die Höhe des Radensteins (743 Meter).

Moderat bergab schlängelt sich der Weg leicht rechts durch einen ungewöhnlichen Fichtenwald und erreicht die **Liftanlagen des Züschener Skigebietes**. Hier wenden wir uns nach links und wandern durch die Schneise hangabwärts auf die Talstation des gegenüberliegenden Skihanges zu. Schräg rechts führt uns ein breiter Weg den Hang hinauf und bald wieder in den Wald.

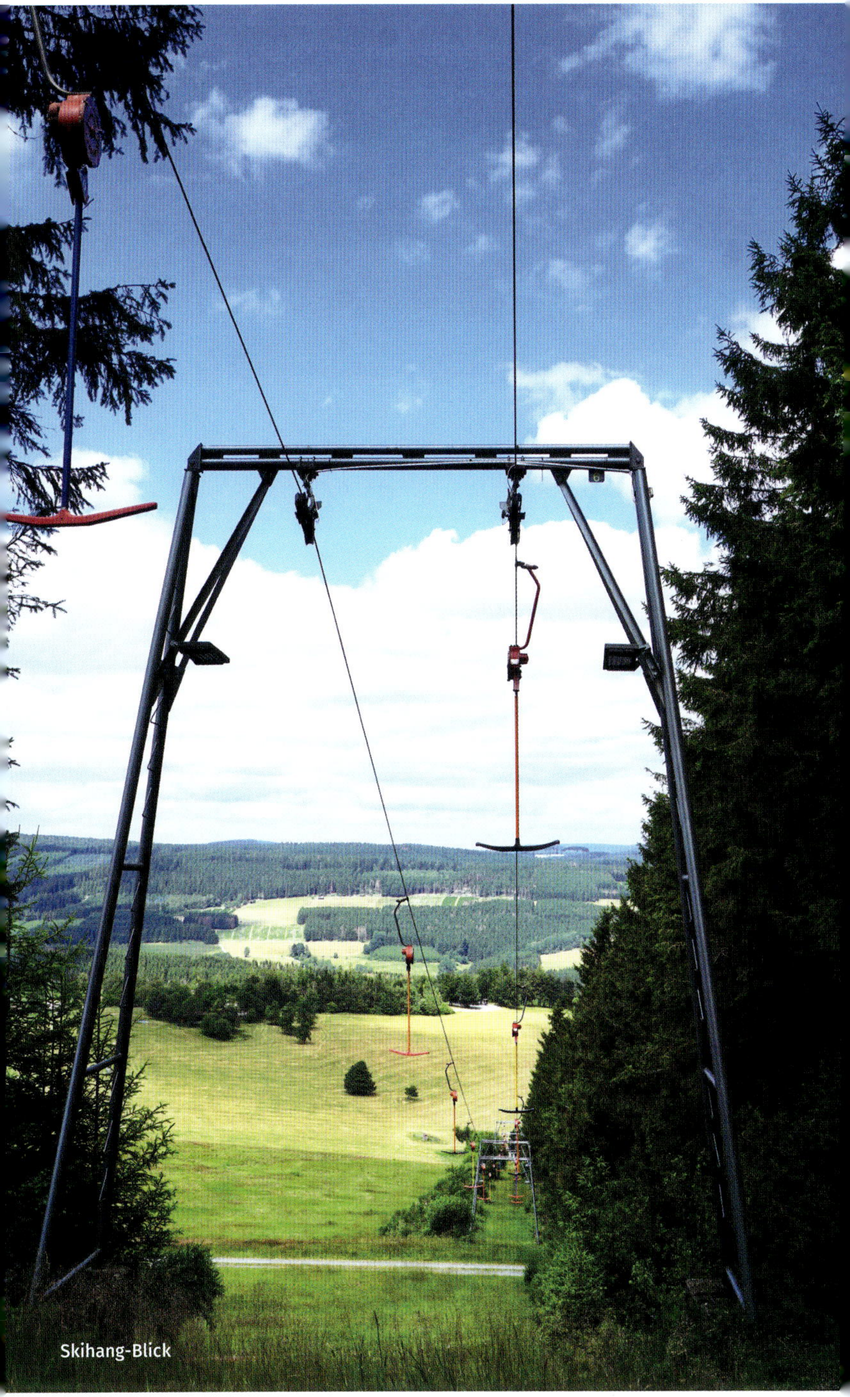

Skihang-Blick

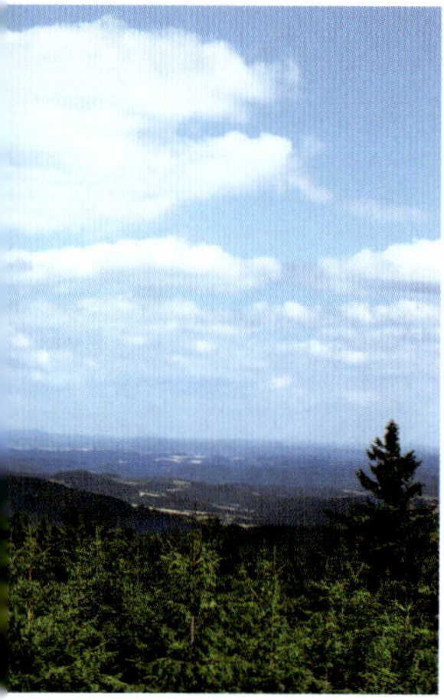

Aussicht vom Turm

An der nächsten Kreuzung biegen wir im spitzen Winkel nach links ab und erreichen den aussichtsreichen Platz oberhalb des Skihanges, bevor wir zum **Ziegenhelleturm** weiterwandern. Danach nehmen wir an der ersten Kreuzung den Pfad nach rechts recht steil bergab.

Der Rune-Markierung folgen wir nun für eine ganze Weile fast geradeaus auf einem teilweise sehr schmalen Pfad über den Bergrücken. Hinter dem **Freistuhl**, dem ehemaligen Gerichtsplatz, tritt man bald aus dem Wald und wendet sich auf dem breiten Forstweg nach links, verlässt ihn aber im Ausgang der Kurve fast geradeaus hangaufwärts. Fast oben auf dem Zwistberg (743 Meter) angekommen geht es geradeaus sehr steil den Berg hinab, bis man einen Radweg erreicht, dem man weiter bergab folgt. An der nächsten Kreuzung wenden wir uns nach rechts durch die Schranke und nehmen den nächsten Weg nach links.

WANDER HIGHLIGHT

Die Ziegenhelle – Hel des Tiu

Die Berge rundherum tragen germanische Namen: Der Hackelberg ist der Aufenthaltsort Wotans, die Wallershöhe hat ihren Namen von der Wallhal, dem Aufenthaltsort gefallener Krieger. Dazwischen die Ziegenhelle. Ihr Name setzt sich zusammen aus Tiu und Hel: Tiu ist der Gott des Kampfes und des Rechts und Hel der Ort, an dem er mit Wotan und den Hünen darauf wartet, in den letzten Kampf gegen die zerstörerischen Mächte zu ziehen. Dieser altgermanischen Tradition verdankt auch der Ort Züschen (Tiusscena) seinen Namen – und zahlreiche Orte in der Umgebung. Allerdings wurde der Tiu in christlicher Deutung zum Teufel, zum gefallenen Engel, und sein Aufenthaltsort zur Hölle.

Heute steht auf der Ziegenhelle (816 Meter) ein schöner hölzerner Turm. Die Rundumsicht wird langsam aber sicher von den immer höher wachsenden Bäumen verstellt ...

WANDER HIGHLIGHT

Femegericht am „Freie Stuhl“

Noch heute lauten die Flurnamen „Freie Stuhl“ oder „Böses Holz“, weswegen es gesichert ist, dass hier im Mittelalter heimliche Femegerichte tagten. Was heute am „Freie Stuhl“ mit den Bänken rundherum eher wie ein netter Picknickplatz gestaltet ist, war bitterer Ernst. Den Angeklagten drohte bei Verurteilung durch den vom König eingesetzten Freigrafen vor dem heimlichen Gericht nur eine mögliche Strafe – nämlich der Tod am Strang – gleich hier, am nächsten Baum. Die mittelalterliche Gemeinschaft versuchte, sich mit dieser martialischen Gerichtsbarkeit vor der Zersetzung aus der eigenen Mitte zu schützen. Kleinere Straftaten wurden im öffentlichen, im sogenannten „offenen Ting“ im Dorf geahndet.

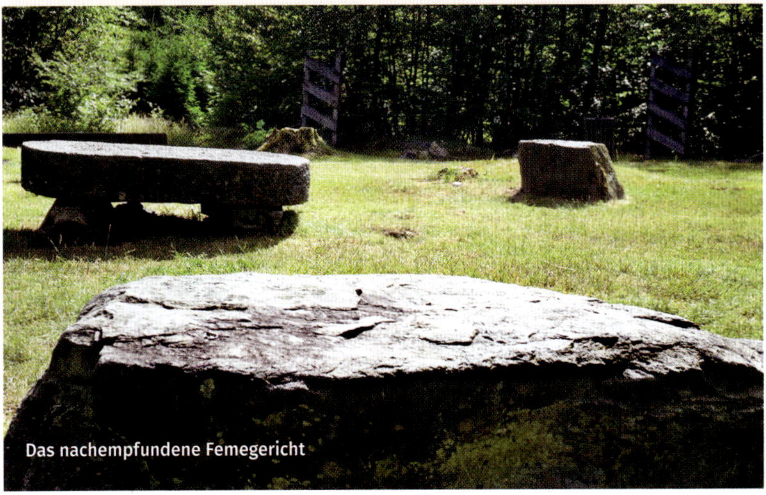

Das nachempfundene Femegericht

An einer Bank stoßen wir auf einen Querweg. Gegenüber an der Wiese steht eine Tafel, die auf die **Opfersteine** verweist, die man von hier aus sehen kann. Hier verlassen wir den „Mythen- und Sagenweg“ und biegen nach rechts ab. Obwohl ein Schild Richtung Opfersteine weist, ist der Zugang fast nicht zu finden (s. Wander-Highlight, Seite 110).

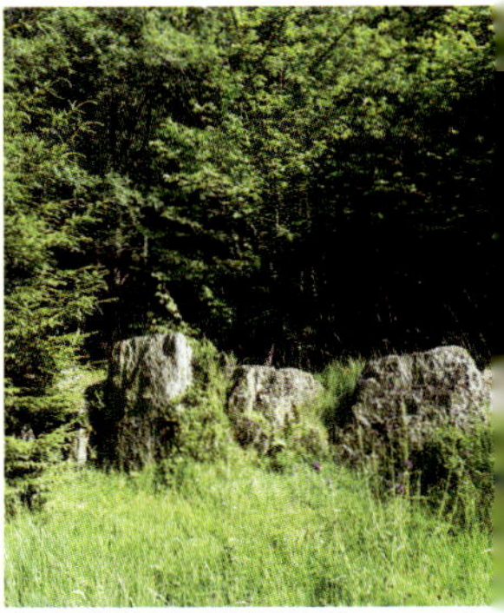

Opfersteine

So führt unsere Route um das **Bachtal** herum, und dort, wo es tief eingeschnitten ist,

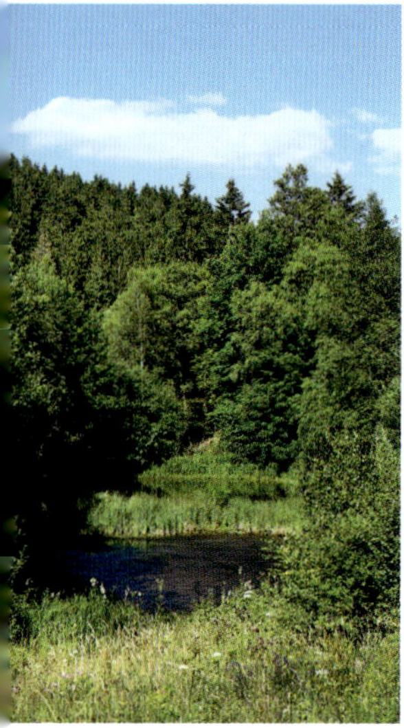

Silbersee

beschreibt der Weg einen engen Bogen nach links. Hier folgen wir nicht dem Weg durch den Wald am Bachtal entlang, sondern nehmen den nicht markierten hell-lehmigen Weg, der nach rechts ein kurzes Stück hangaufwärts und dann auf einer Höhe weiterführt.

An der nächsten Kreuzung kommen wir an einer Futterstelle vorbei und biegen in den breiten Forstweg nach links ein. Diesem Weg folgen wir immer rechts des Bachtals, bis wir an dem **Silbersee-Biotop** wieder auf den Mythenweg treffen. Ihm folgend wandern wir kurz weg vom Bach ins Tal und nehmen hinter dem Biotop links den Pfad, der uns zurück in Richtung Züschen führt.

WANDER HIGHLIGHT

Bergende Opfersteine

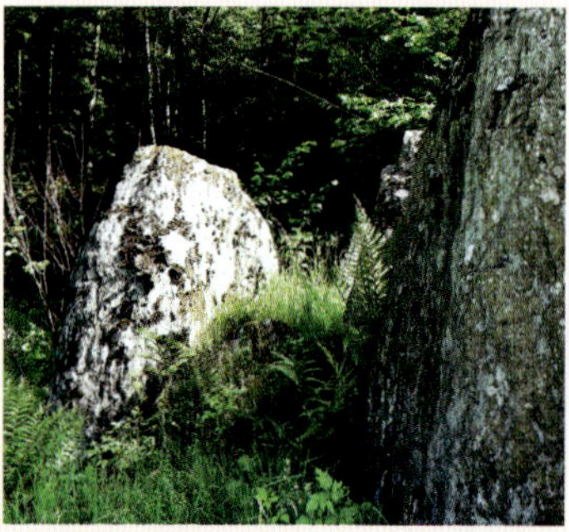

Man kann es sich gut vorstellen: Hier haben die Einwohnerinnen und Einwohner aus Züschen sich vor den Soldaten Napoleons versteckt. Man schreibt das Jahr 1811, es ist Weihnachten, und es ist kalt, die Menschen drängen und kauern sich aneinander und beten und bitten. Dass ihre Häuser nicht zerstört werden, ihr Vieh überlebt und vor allem: dass sie nicht entdeckt werden, dass dieser Ort sie birgt. Dieser Ort, der vermutlich schon seit Jahrhunderten als Waldversteck und Schutzort gedient hatte, wahrscheinlich nicht zufällig an dieser mystischen Steingruppe.

Heute steht neben den Opfersteinen ein Holzkreuz , eine Bank und eine Informationstafel – von der anderen Seite der Wiese, wo der Mythenweg vorbeigeht, deutlich sichtbar. Von dort weist auch ein Schild zu den Opfersteinen. Allein: Es gibt keinen Weg, der zu ihnen führen würde. Natürlich ist es möglich, zu ihnen zu gelangen, man hat sie ja vorher gesehen, aber es ist, als wären sie immer noch verborgen, als würde die Bitte, den Ort zu verbergen, noch immer wirken ...

Der Nuhne-Ursprung als Heiligtum

Die Nuhne entsteht durch den Zusammenfluss aus Sonneborn und Ahre. An diesem nach Osten ausgerichteten Flussdreieck befand sich schon in germanischer Zeit eine Siedlung, darauf weisen neben Funden auch die überlieferten Ortsbezeichnungen hin (vgl. Wander-Highlight Ziegenhelle). Nachdem man in der Dorfmitte in Züschen Ende des vergangenen Jahrhunderts einen Brunnen erforscht hat, der mit Sicherheit entstanden ist, bevor die darüber liegenden Gräberfelder rund um die Kirche angelegt wurden, und der also aus vorchristlicher Zeit stammen muss, machte man eine interessante Entdeckung: Vermessungen bestätigten, dass eine gerade Linie entsteht, wenn man die Verbindung von einem vorchristlichen Heiligtum direkt neben der heutigen Kirche über die Brunnenmitte bis zum Nuhne-Ursprung zieht, und dass die Bäche Sonneborn und Ahre in einem exakt gleichschenkligen Winkel dazu stehen. Die so in die Landschaft gezeichnete Rune ist ein Beleg dafür, dass hier ein Ort germanischen Götterkultes war. In dem kleinen Park am Nuhne-Ursprung finden sich umfangreiche Informationen zu der Rune und ihrer archäologischen Erforschung.

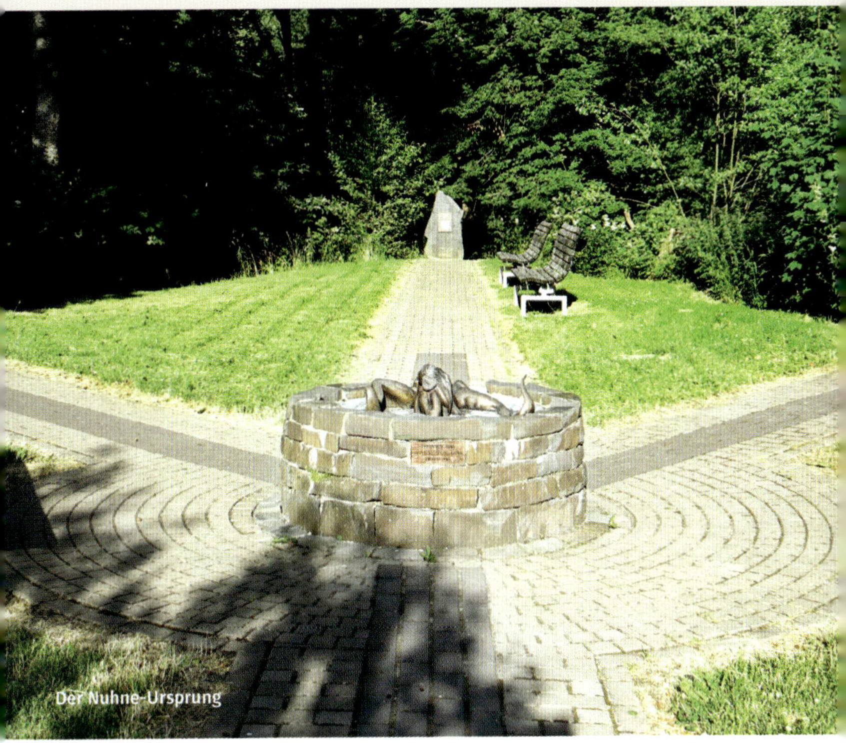

Der Nuhne-Ursprung

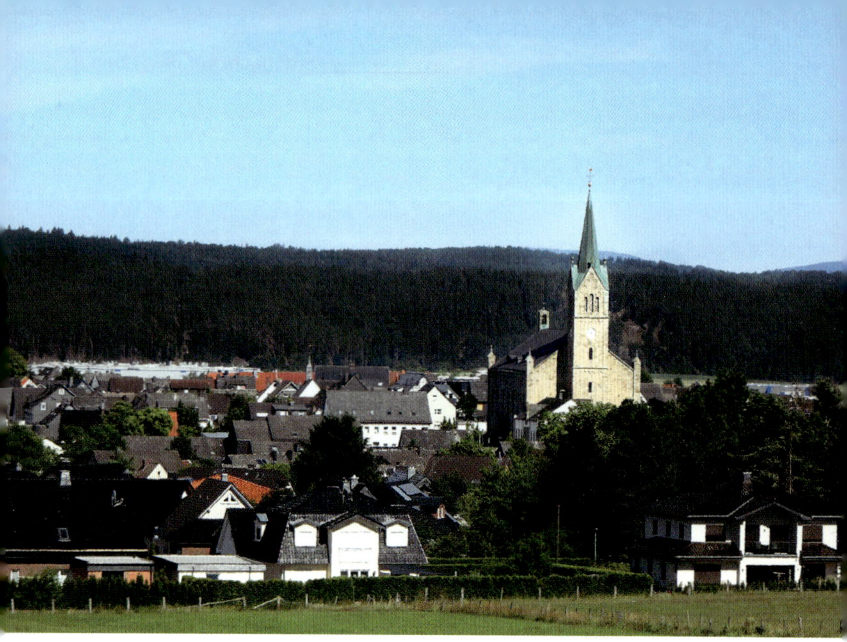

Medebach

Warum ist es hier so schön?

Kurze Runde um den Kahlen bei Medebach

Tour 14

1:45 Std | 6,5 km | leicht | 81 m

Start / Ziel: Medebach-Glindfeld, Glindfeld, an der Kapelle gegenüber dem Kloster
Wegbeschaffenheit: breite Forst- und Waldwege, schmale Wanderpfade
Auf- und Abstieg: 130 Meter
Kondition: leicht
Ausrüstung: Wanderschuhe
Zwischenziele: 1. Philosophenpfad / 2. Kapelle auf dem Kahlen
3. Glindfelder Kreuzweg / 4. Kloster Glindfeld
Abstecher: Naturparkzentrum Medebach

Mit der Ruhe ist es für mich an diesem Spätnachmittag schnell vorbei. Die Sonne steht schon tief, und ich wähne mich alleine oben an der Kapelle. Aber der Rasen muss gemäht werden, am Wochenende sollen ein Gottesdienst und eine Hochzeit stattfinden. Dem Medebacher Kirchenvorstandsmitglied tut es leid, dass er meine Einkehr stört. Doch bevor er den Mäher aus dem Auto holt, stellt er sich vor die Kapelle, schaut zum Kreuz hoch, breitet die Arme aus und sagt: „Es ist einfach so ein schönes Stückchen Erde." Und er hat recht. Es wundert nicht, dass auf den Berg gleich zwei Kreuzwege führen, einer vom Kloster Glindfeld, auf dem die Medeloner kommen, und einer von Medebach. An Karfreitag treffen die Prozessionen hier oben aufeinander – und niemandem ist der Weg zu weit.

Diese Tour empfiehlt eine kurze Runde von Glindfeld aus. Es geht am alten Kloster vorbei über den Philosophenweg durch das Gelängebachtal, und an den Flanken des Kahlen genießt man die Aussicht über Medebach und in die Glindfelder Wälder. Doch der Höhepunkt ist – nicht nur räumlich betrachtet – die Kapelle auf dem Kahlen.

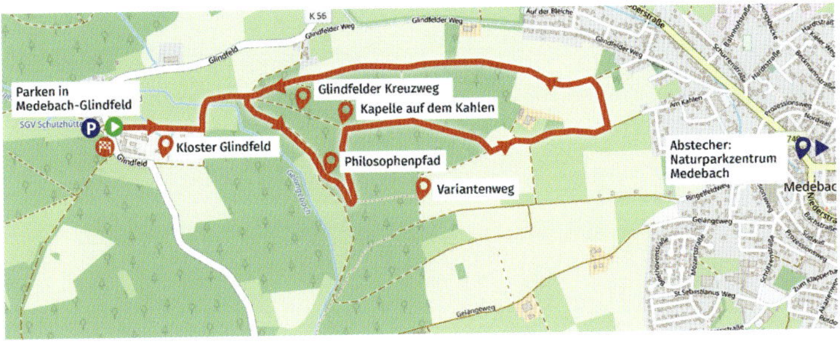

VARIANTE

Es gibt Tage, an denen ist vom Philosophenweg zur Kapelle kein Durchkommen, weil Dornen es verwehren. Wer sich da nicht durchzwängen mag, geht hier auf einem schönen Waldweg geradeaus Richtung Medebach. So erreicht man eine Wiese, vor der man links den Hang am Waldrand entlang hinaufsteigt und dann in den Weg nach rechts einbiegt. Nach gut 300 Metern zweigt nach links der breite Fahrweg zur Kapelle ab. Entfernung von hier: 650 Meter. Ich empfehle hier geradeaus und zunächst die ganze Runde zu gehen und dann auf dem steilen Pfad dem alten Glindfelder Kreuzweg folgend zur Kapelle zu wandern. Dieser Weg ist zwar steiler, dafür folgt er aber dem historisch interessanteren Weg.

WEGBESCHREIBUNG

Der Weg startet an der Kapelle in Glindfeld. Der gelb markierte Zustiegsweg zum Sauerlandsteig führt auf der anderen Straßenseite links am eingemauerten Klostergelände entlang. Man bekommt eine Ahnung davon, wie bedeutsam das Kloster einst gewesen sein muss für die Region. Schon hier wandert man auf dem **Prozessionsweg** und die alten Stationen säumen den Weg.

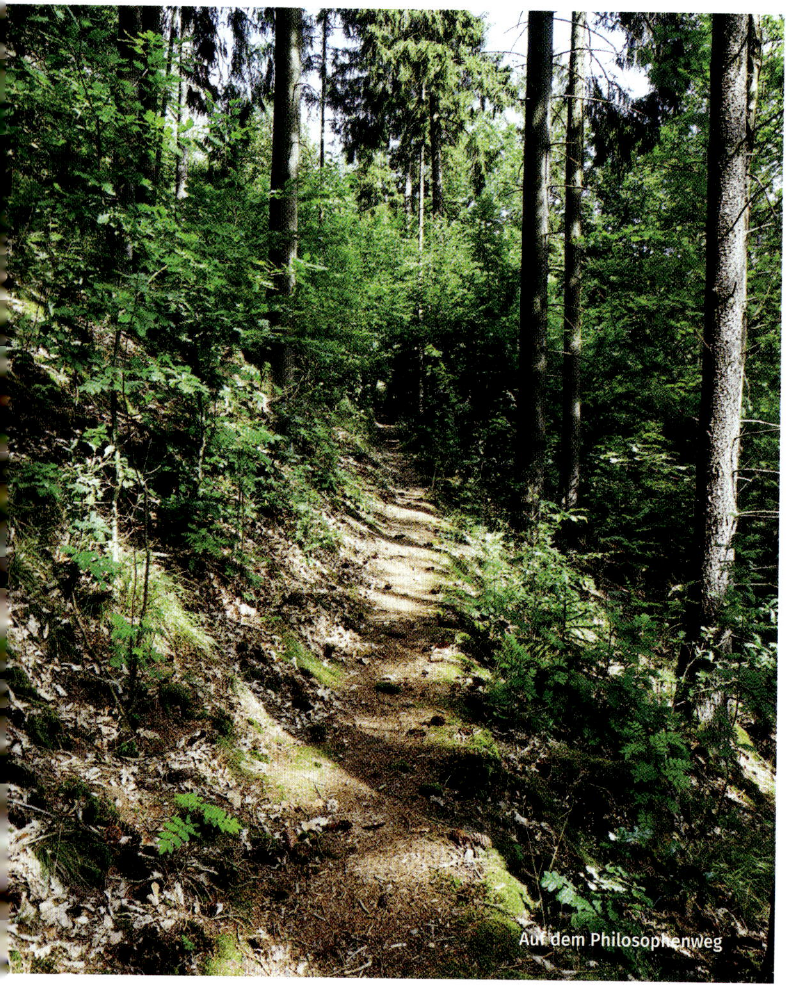

Auf dem Philosophenweg

Da, wo das Klostergelände endet, folgen wir dem Prozessionsweg nach links. Wir überqueren den Gelängebach und gehen nach einer Rechtskurve auf eine Bank an einer Kreuzung zu, von der vier Wege abgehen. Hier könnte man sofort dem Kreuzweg zur Kapelle bergan folgen. Ich empfehle aber, zunächst nach rechts abzubiegen und durch das schöne Bachtal auf dem **Philosophenpfad** zu

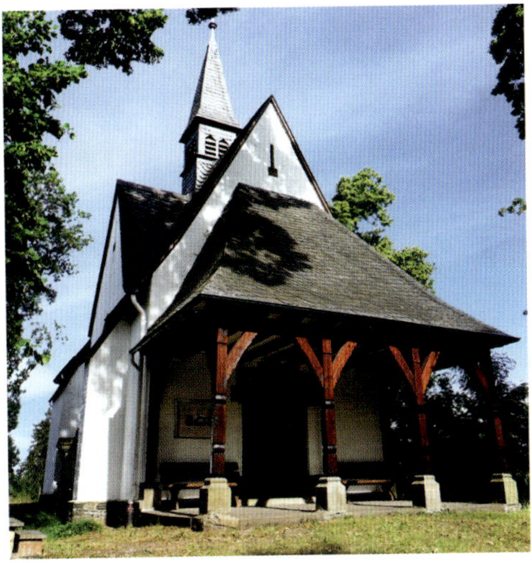

Kapelle auf dem Kahlen

wandern. Der Pfad soll die Mönche aus dem Kloster zu guten Predigten animiert haben, und tatsächlich kann man selber fühlen, wie inspirierend dieser Wald ist. An einer Gabelung führen die markierten Wanderwege nach rechts weiter, wir folgen dem Philosophenpfad schräg links in den Wald.

Wir erreichen einen Baum, an dem ein Schild angebracht ist, das zurück den Philosophenweg ausweist und geradeaus nach Medebach zeigt. Hier zweigt ein Wanderpfad steil bergauf ab, der uns mehr oder weniger gerade zur Kapelle auf den höchsten Punkt des Kahlen führt (Achtung: Variante).

WANDER-WISSEN

Im Wald gilt: Rauchen verboten

Die größte Brandgefahr geht – wie sollte es anders sein – vom Menschen aus: Unachtsam weggeworfene Kippen sind für den Wald eben brandgefährlich. Dabei ist das Rauchen im Wald verboten: generell vom 1. März bis zum 31. Oktober.

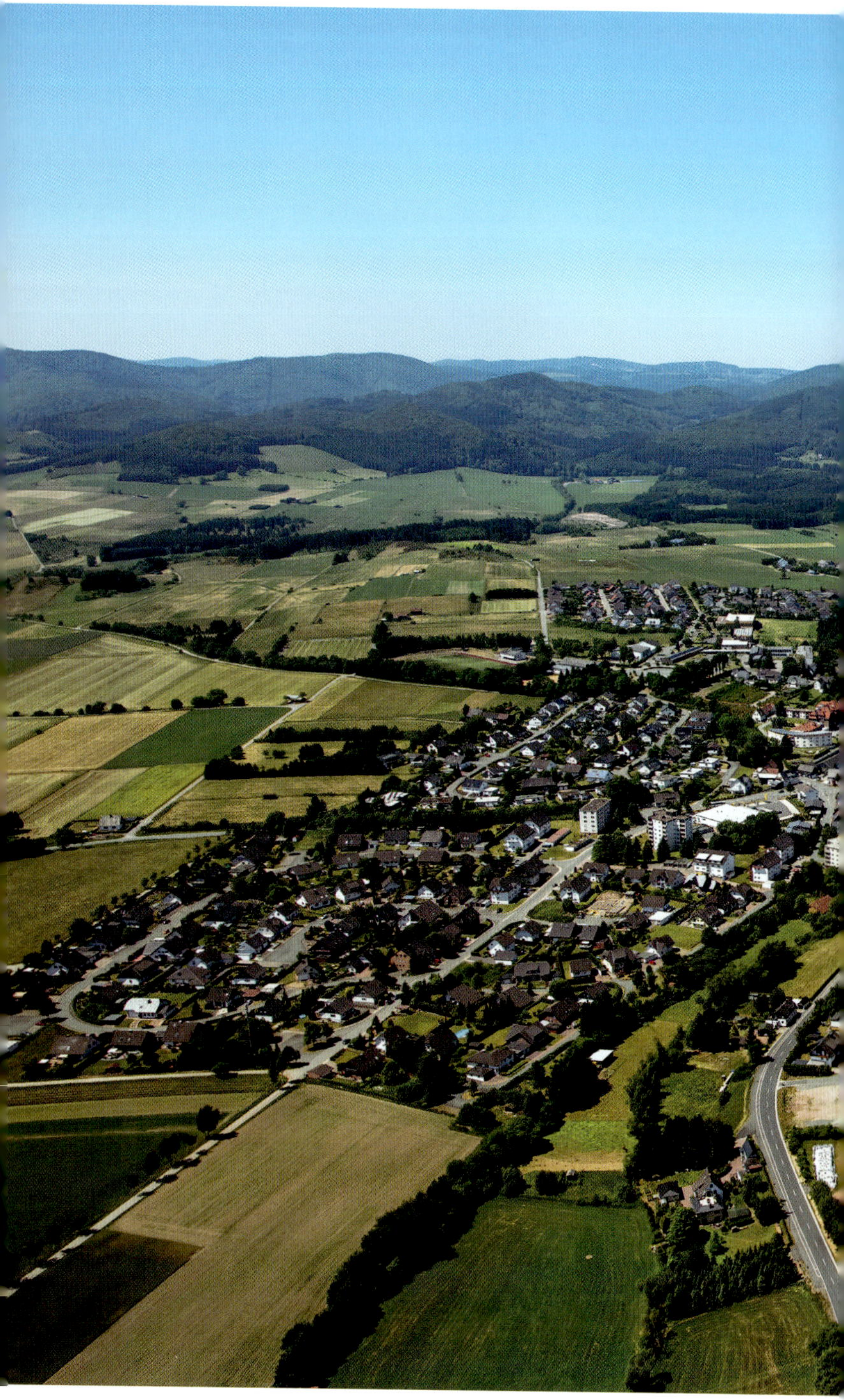

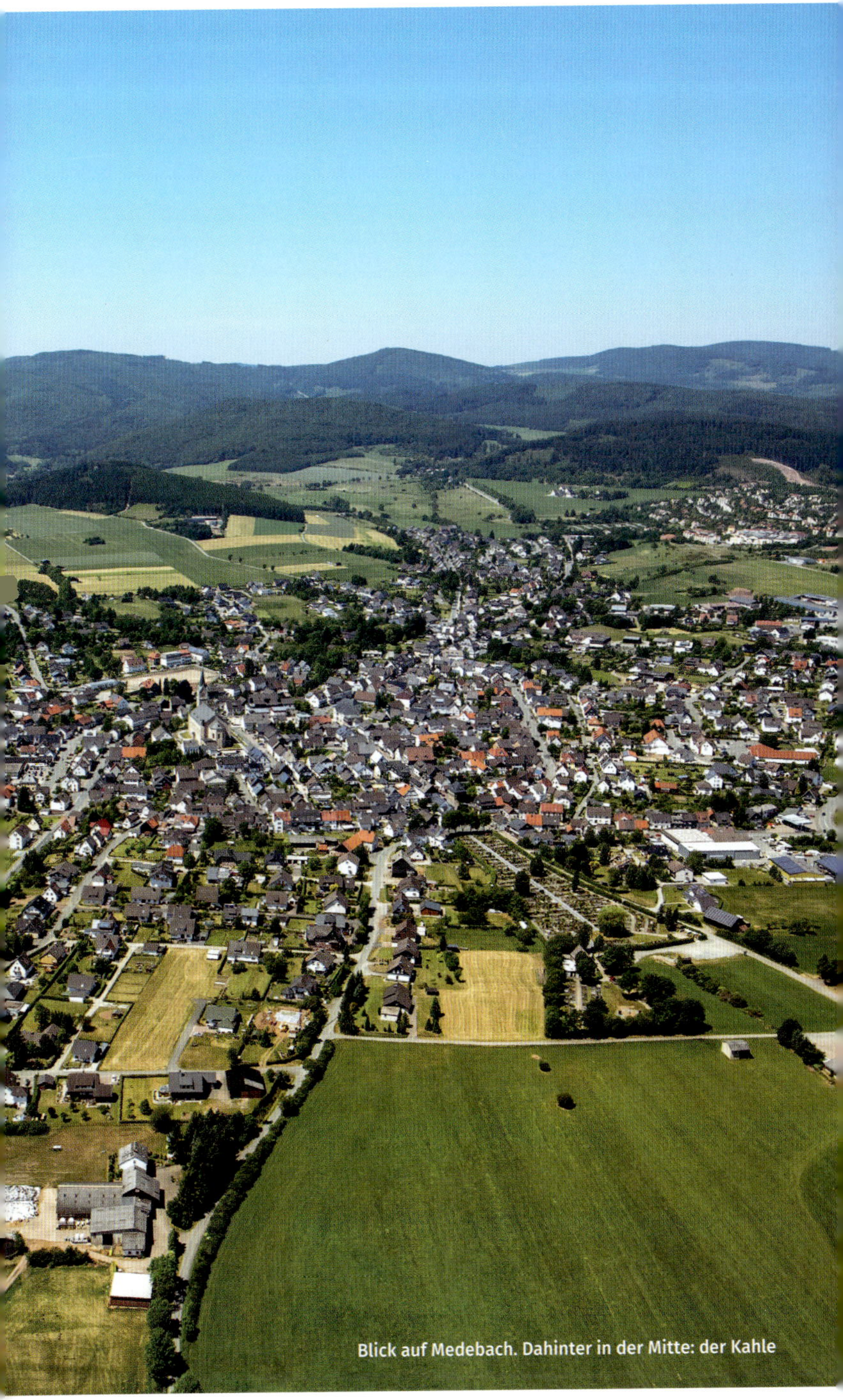

Blick auf Medebach. Dahinter in der Mitte: der Kahle

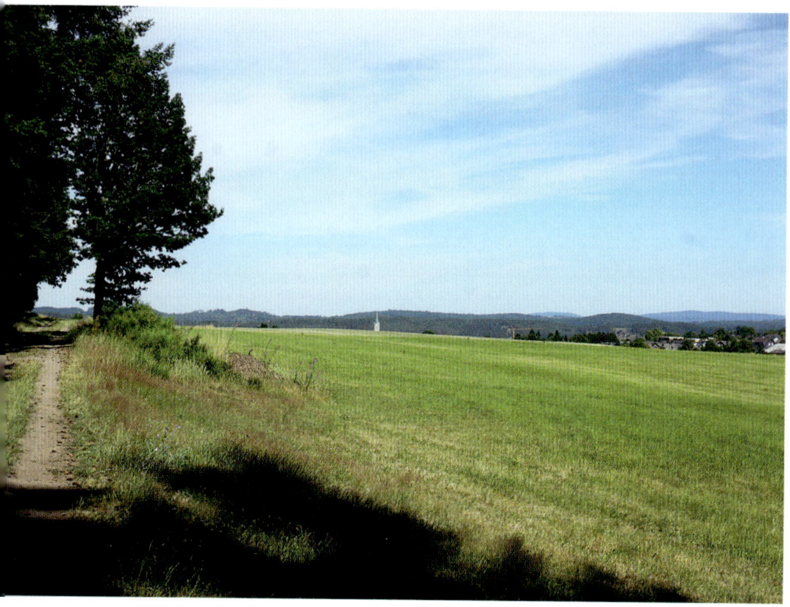

Blick in Richtung Medebach

Von hier oben wieder aufbrechend gehen wir von der Rückseite der Kapelle auf dem Fahrweg Richtung Medebach. Hier befindet man sich nun auf dem wesentlich jüngeren **Medebacher Kreuzweg**, der uns in Richtung der alten Hansestadt begleitet. An einer Kreuzung kommt von rechts der Varianten-Weg dazu. Nach Medebach geht es nach links weiter.

Bevor man allerdings den Ortsrand erreicht, biegen wir gegenüber einem Pfosten, der auf den Verlauf der Ferngasleitungen verweist, nach links ab und gehen im rechten Winkel bis zum nächsten Querweg über das Feld. Dort biegen wir wiederum links ab und schlagen auf der anderen Seite des Kahlen den Rückweg ein.

Die eigenartigen Bauten auf der anderen Seite des Tales gehören zum Center Parc. Auf dem Weg wieder zurück Richtung Glindfeld

Am Weg

Kloster Glindfeld

Das ehemalige Kloster hat die wirtschaftliche und kulturelle Entwicklung der ganzen Region mitbestimmt: Gegründet 1298 diente es zunächst für 200 Jahre Augustinerinnen als Heimat. Dann wurde das Kloster dem Kreuzherren-Orden übertragen, und die Mönche waren prägend für das ganze Umland. Nach der Säkularisation wurde das Kloster 1804 aufgelöst, die Güter und Kunstschätze verkauft, die Kirche abgerissen. Auch das Klostergut wurde verkauft.

Die Anlage befindet sich heute im Privatbesitz. Der Kulturring Medebach veranstaltet regelmäßig klassische Konzerte auf Gut Glindfeld.

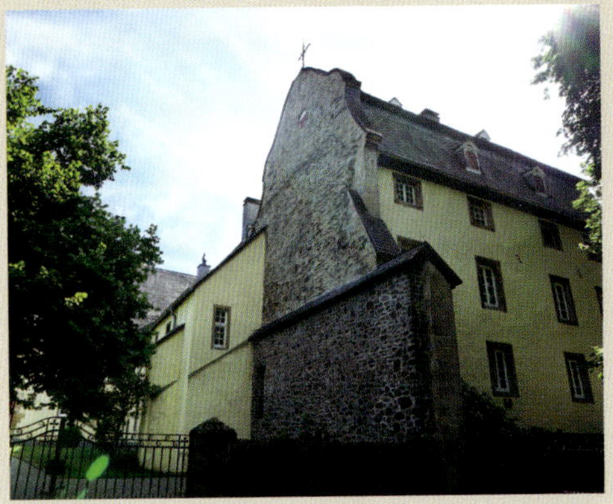

Gut Glindfeld und das Kloster

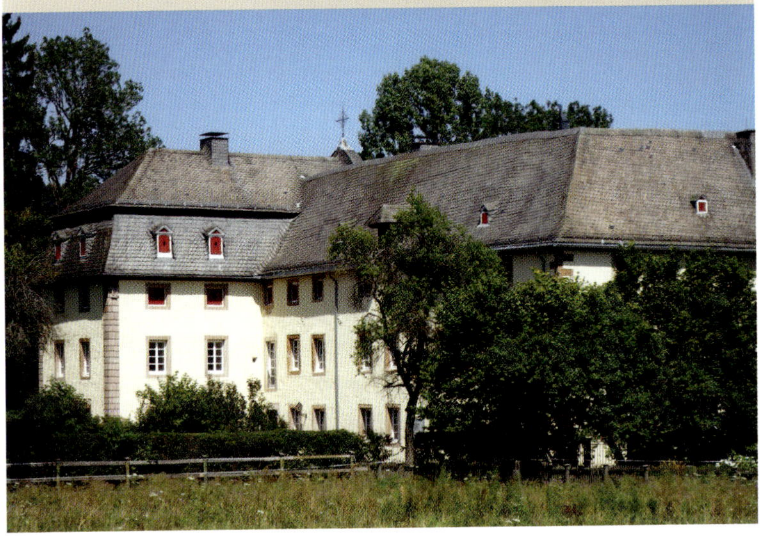

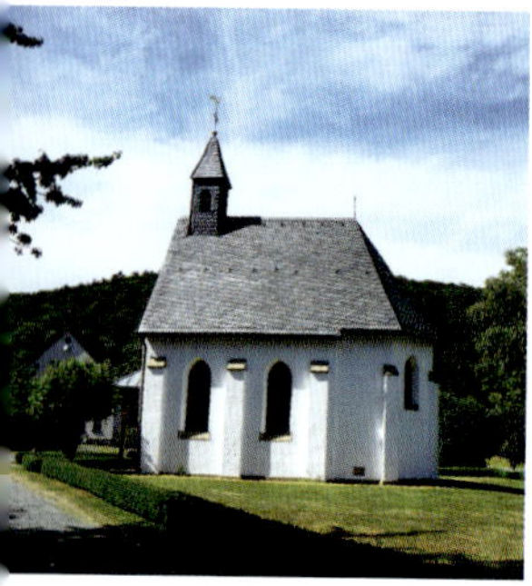

Kapelle in Glindfeld

schaut man auf für das Sauerland ungewöhnliche Berge, die nämlich vor allem mit Laubwald bewachsen sind.

Wo der Forstweg eine Biegung nach rechts macht, führt der Wanderweg geradeaus den Hang hinunter und führt an die Kreuzung, von der wir vorher in den Philosophenweg eingebogen sind. Wer noch nicht an der Kapelle war, kann nun den ersten Weg links steil den Berg hinauf nehmen, den Kreuzwegstationen folgend.

Ansonsten wandern wir hier wieder nach rechts zurück zum Kloster und zu unserem Ausgangspunkt.

INFORMATION

Vogelschutzgebiet Medebacher Bucht

Ihre Artenvielfalt hat die Medebacher Bucht der Tatsache zu verdanken, dass auf dem schieferhaltigen Gestein nur eine geringe Bodenkrume liegt. So ist trotz der Landwirtschaft seit jeher viel Freiraum für Bergheiden, Hecken, Heiden und blütenreiche Wegraine geblieben. Viele gefährdete Tier- und Pflanzenarten leben hier. Vögel wie Raubwürger, Neuntöter und Rebhühner oder Insekten wie Dukatenfalter oder Warzenbeißer sind in diesen Biotopen noch anzutreffen.

Eisvögel und Wasseramseln fühlen sich besonders wohl an den naturbelassenen Fließgewässern. Rotmilan oder auch Schwarzstorch suchen die Nähe der Buchenwälder. Sechs Naturwege sind in der Region rund um Medebach und Hallenberg entstanden. Die Beschreibungen der einzelnen Wege sind in den Touristen-Büros erhältlich.

Tipp: Für Kinder kann ein Naturforscher-Rucksack in der Touristen-Information in Medebach ausgeliehen werden – mit Fernglas, Becherlupe, Kescher und Bestimmungsbuch. Informationen unter: **www.mede-bucht-spiel.de**

Abstecher

Naturparkzentrum Medebach

Über der Tourist-Information Medebach befindet sich eins von sechs Infozentren des „Naturparks Sauerland Rothaargebirge" und eine Ausstellung zum europäischen Vogelschutzgebiet Medebacher Bucht. Eröffnet im Dezember 2018 bietet das Zentrum Informationen und umweltpädagogische Elemente sowie eine Ausstellung zum Natur-, Kultur und Wirtschaftsraum der Medebacher Bucht. Multimedial aufbereitet ist es hier – zum Teil auch spielerisch – möglich, viel über die Natur und ihre Bewohner zu erfahren.

Naturpark-Infozentrum Medebach

Marktplatz 1,
59964 Medebach,
Tel. 02982/9218610,
geöffnet montags bis freitags von 9 bis 17 Uhr,
samstags und sonntags von 10 bis 13 Uhr.

Auf dem Kahlen: Relikte alter Bildstöcke

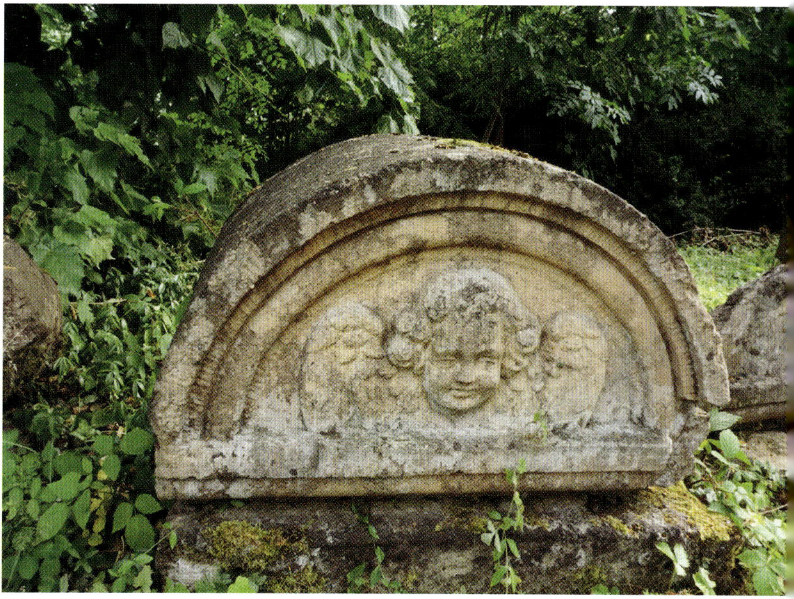

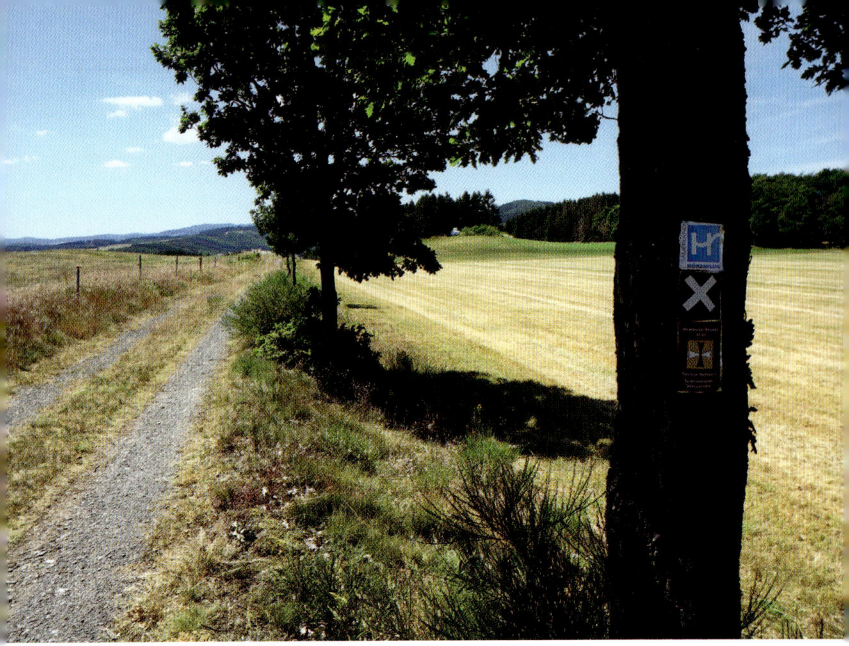

Sauerländer Höhenflug und Medebacher Bergweg

Jenseits der Berge

Rundtour in der „Toskana des Sauerlandes"

Tour 15

3:30 Std | 12,3 km | leicht | 107 m

Start / Ziel: Wanderportal in Medebach-Medelon, Orkestraße
Wegbeschaffenheit: breite Forst- und Waldwege, schmale und gute Wanderpfade
Auf- und Abstieg: 309 Meter
Kondition: leicht
Ausrüstung: Wanderschuhe, Getränke, Insektenschutz, im Sommer lange Hose gegen die Gräser und Zecken, Sonnenschutz, Kopfbedeckung
Zwischenziele: 1. Blick auf Medebacher Bucht / 2. Dorf Berge (Highlight) 3. Dreislar (Highlight) / 4. Wellness-Rastplatz im Schwinkel
Abstecher: Medelon (Highlight)

Die Medebacher Bucht ist so anders als alles, was das Sauerland sonst zu bieten hat, dass man sich diese Runde nicht entgehen lassen sollte. Hier im südöstlichsten Teil des Sauerlandes liegt Medebach im Regenschatten des Rothaarkammes und kommt auf mehr Sonnenstunden im Jahr als jeder andere nordrhein-westfälische Ort. Aber auch die sanften Hügel geben der Gegend die Anmutung von Süden. Zahlreiche Vögel finden in dem „Europäischen Vogelschutzgebiet Medebacher Bucht" ihren Lebensraum, und außergewöhnliche arten- und insektenreiche Wildwiesen säumen diesen Weg. Außerdem erwandern wir drei der neun zur alten Hansestadt gehörenden Dörfer – nämlich Medelon, Berge und Dreislar – jedes für sich ist einzigartig. Dazwischen wunderschöne Aussichten in die hessische Ferne, auf den Rothaarkamm oder in sanfte Mittelgebirgstäler – diese Runde bietet einen fantastischen Einblick in die spezielle Landschaft der Medebacher Bucht.

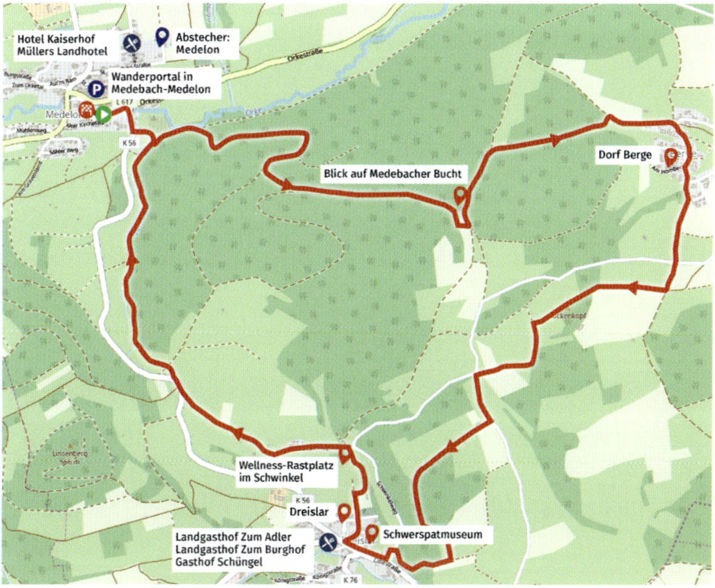

WEGBESCHREIBUNG

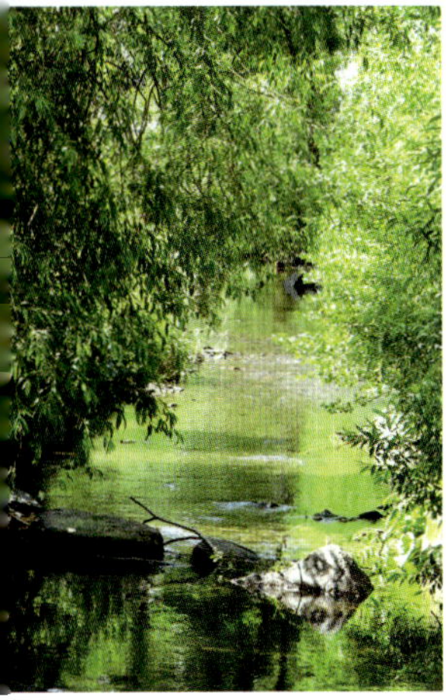

Die Orke in Medelon

Vom Wanderportal überqueren wir die Orke und wenden uns sofort nach der kleinen Brücke auf dem ausgeschilderten **Medebacher Bergweg** nach links. An der nächsten Brücke biegt der Weg nach rechts auf dem Sträßchen ab, und wir gehen ortsauswärts bis zum letzten Haus. Dort biegt der Wanderweg nach links ab, führt um ein Spiel- und Sportgelände herum und erreicht einen Querweg, an dem sich nachher diese Runde schließen wird. Wir wenden uns nach links. An einer Y-Kreuzung verlassen wir die Orke und folgen der Markierung des **Sauerländer Höhenfluges** und der Beschilderung nach Berge nach rechts.

Auf dem breiten Forstweg wandern wir sehr bequem leicht bergauf. An einem großen Platz gabelt sich der Weg und wir wandern auf dem linken Weg weiter. Er führt geradeaus bald aus dem Wald heraus, und wir können eine schöne **Aussicht auf die Medebacher Bucht** genie-

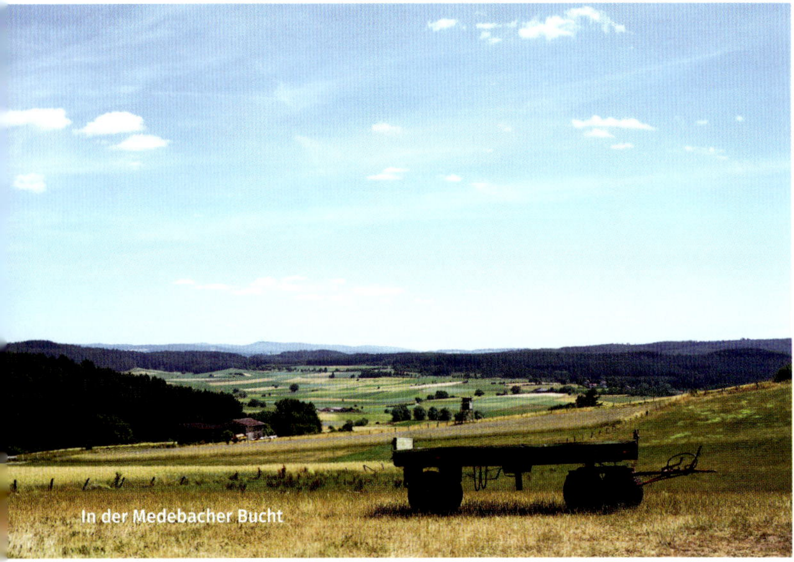

In der Medebacher Bucht

ßen. In einer Linkskurve geht es bergab. Dort befindet sich rechts ein **Picknickplatz**, unser Weg folgt aber dem Höhenflug nach links. Vor einer Wiese führt der Weg nach rechts in den Buchenwald und bald an einer großen **Schutzhütte** vorbei aufs Feld.

Nach einer guten Stunde erreichen wir **Berge**, das als das älteste Dorf Medebachs gilt. Dem Höhenflug folgend biegen wir nach rechts ab und wandern an der **Kirche** vorbei leicht abwärts. Während die Durchgangsstraße sich nach links wendet, gehen wir schräg rechts und dann geradeaus den Berg hinauf. Auf der Höhe kreuzen wir eine Asphaltstraße und wandern aussichtsreich geradeaus weiter über freies Feld.

Bald treffen wir auf eine Bank und biegen den Markierungen folgend nach rechts ab, auf die Kuppe des Lückenkopfes zu. Danach geht es leicht abwärts, und an der T-Kreuzung wenden wir uns nach links. Auf dieser Seite des Berges zeigt sich die Landschaft wieder ganz anders, und wir laufen mit herrlichem **Blick auf das Dreislarer Tal** zunächst am Hang entlang und biegen dann im rechten Winkel nach rechts ab und wandern an einer Wiese talwärts bis wir unten auf ein Sträßchen kommen, in das wir nach links einbiegen (Achtung: Variante!).

VARIANTE

Wer Schwierigkeiten hat, steile Abstiege zu bewältigen, wendet sich an dem ersten Asphaltsträßchen, das man auf der Dreislarer Seite des Lückenkopfes erreicht, kurz nach rechts und biegt gleich links in das Sträßchen ein, das nach 800 Metern oberhalb von Dreislar auf den Schwinkelweg trifft. Hier geht man entweder nach links Richtung Dreislar oder gleich rechts auf der Runde weiter.

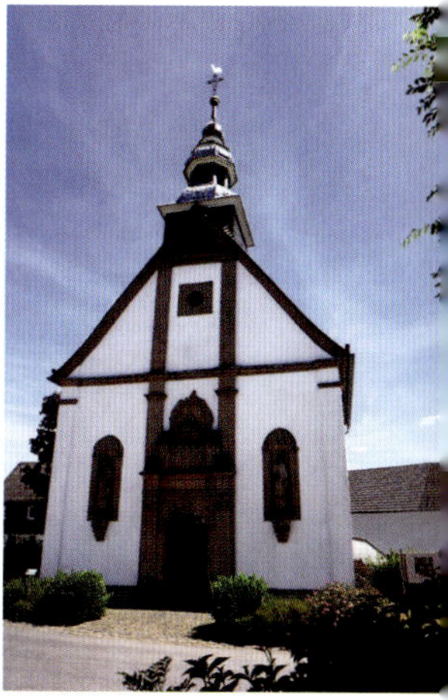

Barockkirche St. Johannes Evangelist in Berge

WANDER HIGHLIGHT

Berge

Das Dörfchen mit ungefähr 130 Einwohnerinnen und Einwohnern gilt als ältester zu Medebach gehörender Ort. In seiner kleinen Kirche befindet sich sehr wertvolle sakrale Kunst, die nach der Säkularisation und der Auflösung des Klosters Glindfeld ihren Weg nach Berge gefunden hat. Zu nennen sind der Hochaltar und flandrische Apostelbilder.

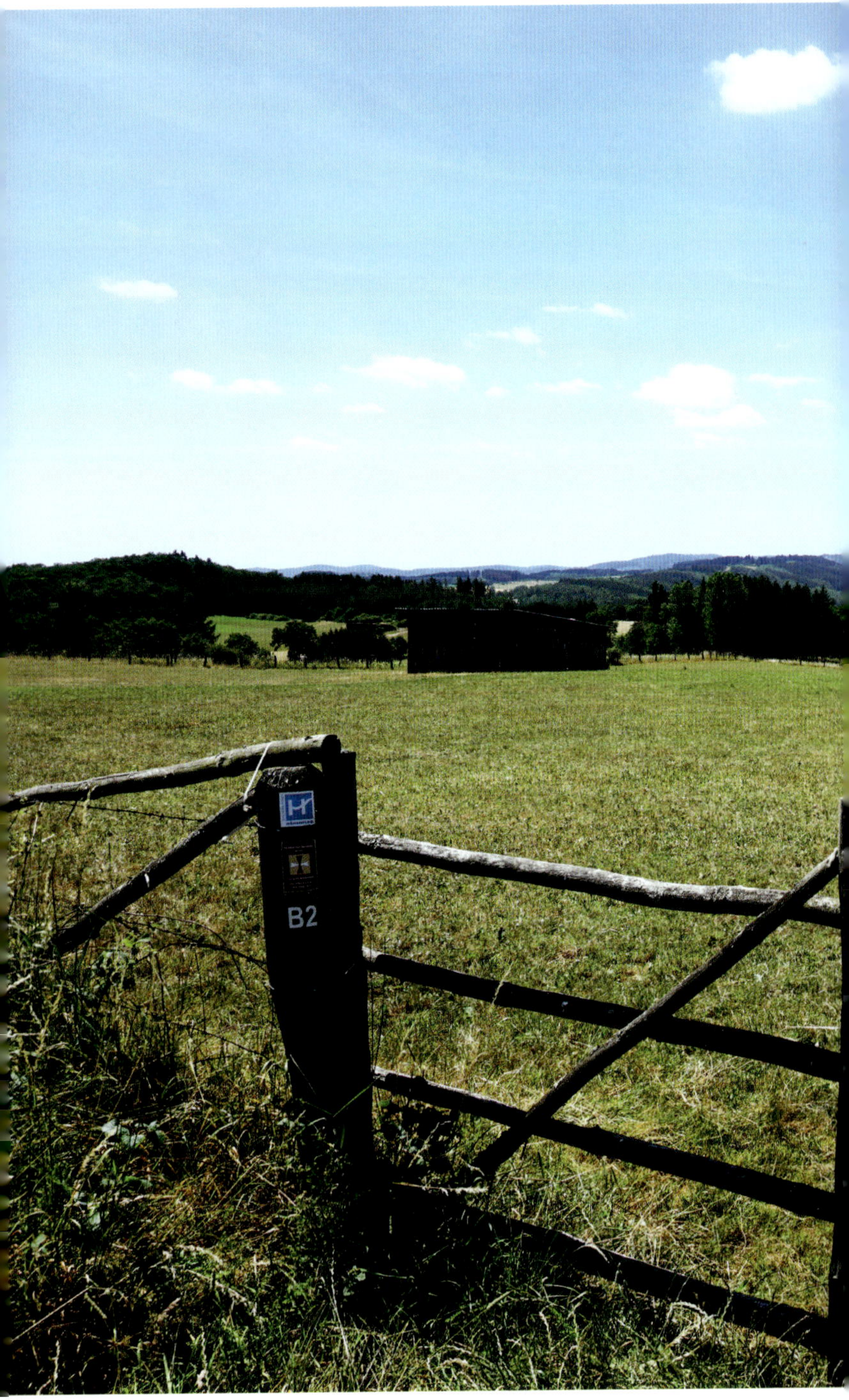
B2

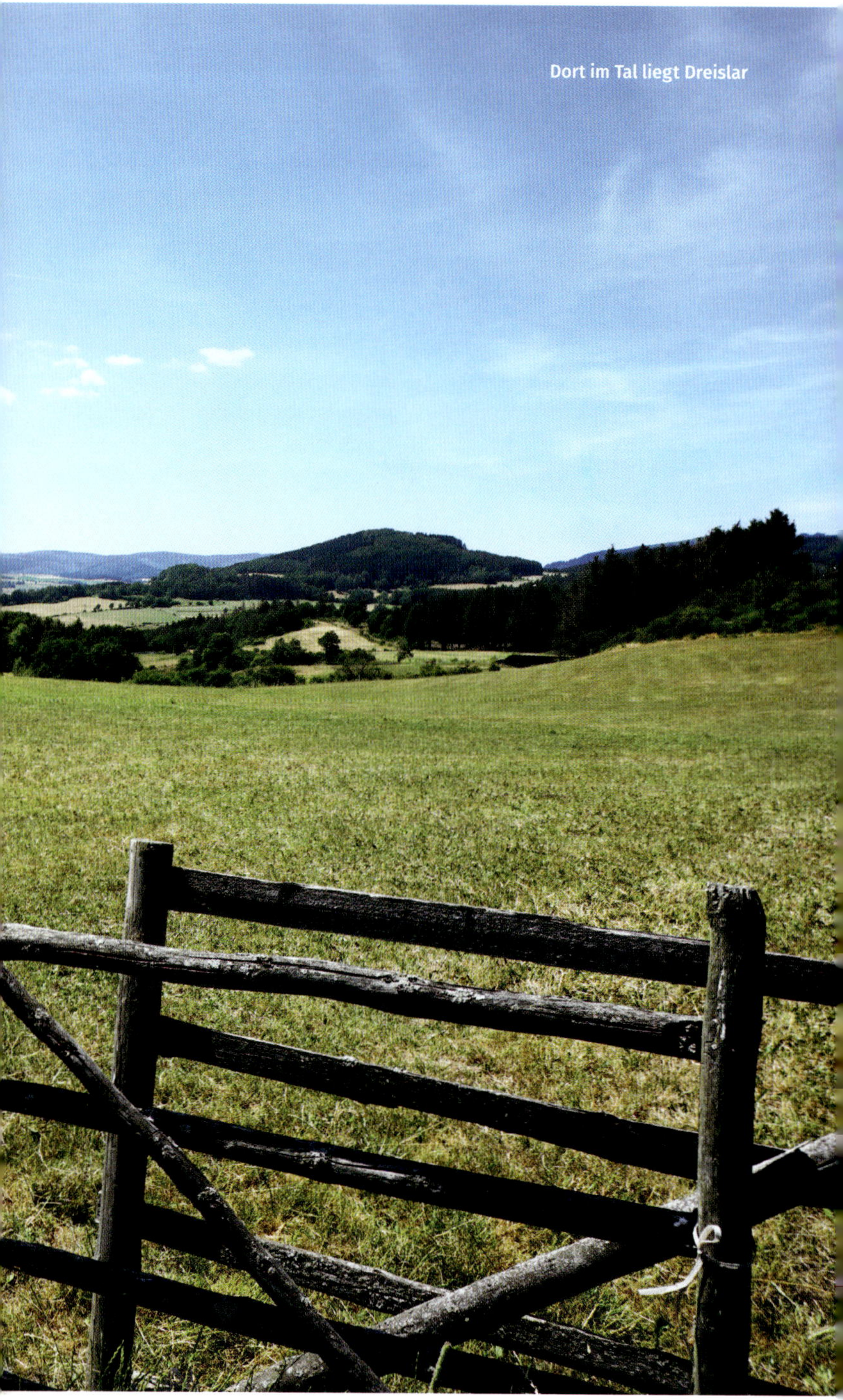
Dort im Tal liegt Dreislar

EINKEHR IN DER NÄHE

in Medelon:

Hotel Kaiserhof
Orkestraße 42,
Medebach-Medelon,
Tel. 02982/8547.
Geöffnet täglich durchgehend ab 12 Uhr.

Müllers Landhotel
Orkestraße 26,
Medebach-Medelon,
Tel. 02982/8116.
Geöffnet dienstags bis sonntags von 12 bis 14 Uhr und von 18 bis 21 Uhr.

An einer **Scheune** zweigt der Wanderweg nach rechts ab und tritt bald in einen Eichenwald ein. Danach führt er am Rand eines Feldes entlang, quert einen Feldweg und geht dahinter rechts zwischen den Hecken hindurch. So erreichen wir hoch über Dreislar eine Klippe mit Kreuz und zwei Waldsofas. Vor dem rechten geht es hangabwärts. Dieser Abschnitt ist sehr steil und sehr schmal und bei Nässe glitschig.

Unten angekommen gehen wir nach links Richtung Dorf. Nach rechts abgebogen durchqueren wir das Dorf, gehen unterhalb der Kirche berghoch und biegen bei nächster Gelegenheit rechts ab Richtung **Schwerspatmuseum**. An diesem vorbei führt der Weg entlang des Friedhofes wieder aufs Feld, zweigt dann nach rechts ab und führt an einem Zaun entlang zum **„Wellness- und Genusserlebnis“ am Wanderparkplatz „Im Schwinkel“**. Hinter diesem Park biegen wir auf dem Sträßchen nach links ab, und verlassen es dem **Medeloner Bergweg** folgend, wo das Sträßchen im rechten Winkel nach links abbiegt. Dort gehen wir schräg rechts den Berg hinauf, bis wir oben an die Landstraße stoßen.

Wellnesserlebnis-Park im Schwinkel

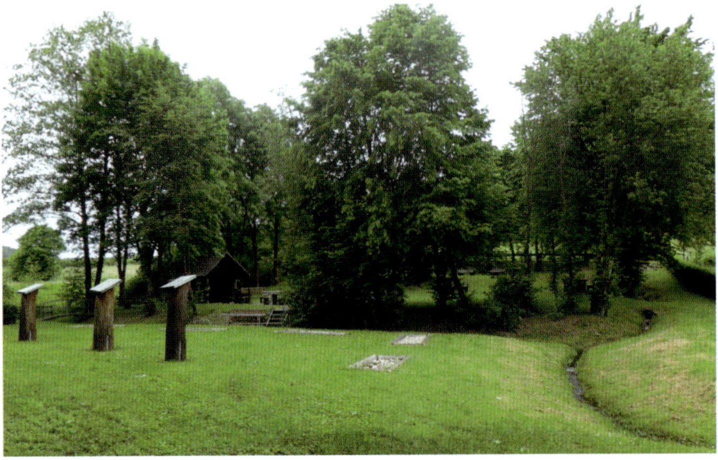

Am Weg

Glück Auf

Direkt am Wegrand, hinter der Kirche in Dreislar, führt diese Runde am Schwerspatmuseum vorbei. Schon seit 1777 gab es Bergbau in Dreislar. Seit 1957 bis 2007 wurde Schwerspat, oder wie Fachleute sagen Baryt, abgebaut. Das 2008 eröffnete Museum zeigt die Arbeit im Bergbau, erklärt die Erdgeschichte und die Geologie. Besonders stolz ist das Museum auf die „Dreislarer Rosen“, „hervorragende Mineralstufen, die es in dieser Schönheit und Ästhetik nur in Dreislar gibt“, schreiben die Macherinnen und Macher des Museums.

Geöffnet ist das Museum vom 1. Februar bis zum 31. Oktober donnerstags, samstags und sonntags von 14 bis 17 Uhr sowie für Gruppen nach Vereinbarung. Der Eintritt beträgt für Erwachsene 4 Euro, für Kinder 2 Euro und für Familien 10 Euro.

Adresse

Am Scheidt 2,
Medebach-Dreislar,
Tel. 02982/92985924

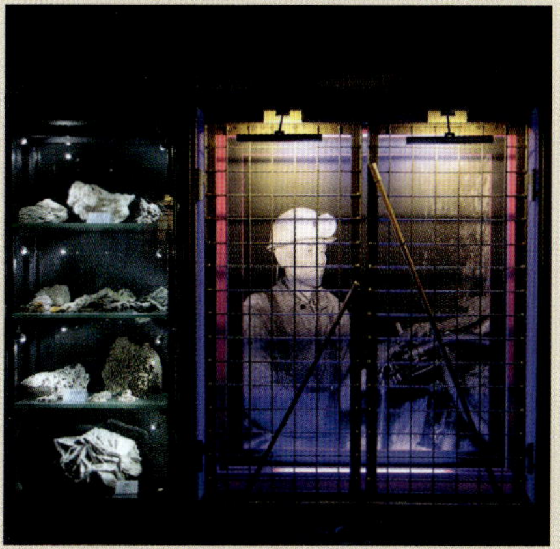

WANDER HIGHLIGHT

Dreislar

Erstmals urkundlich erwähnt wurde Dreislar im Jahr 1388, als die Priorin des nahen Klosters Glindfeld aus Geldnot ein Gut in Dreislar an einen Medebacher Bürger verpfändete.

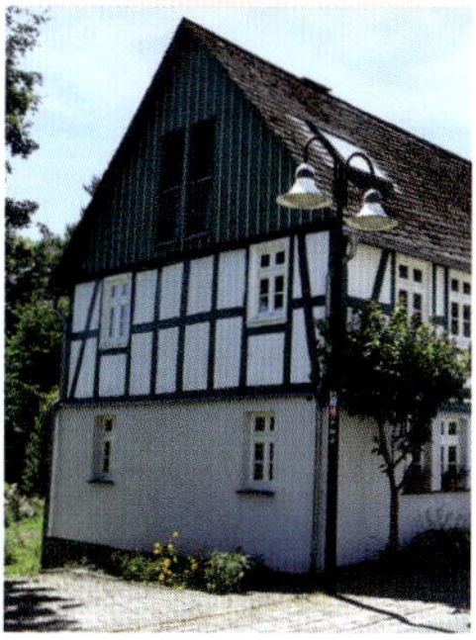

MEIN TIPP

Diese Route ist eher für kühlere Tage geeignet, da sie sehr viel über freie schattenlose Flächen führt. Im Sommer unbedingt an Sonnenschutz und Kopfbedeckung denken und ausreichend Getränke mitnehmen.

Diese überqueren wir nicht, sondern gehen 30 Meter an ihr entlang und dann rechts weiter auf dem **Medebacher Bergweg** über das Feld auf einen Schotterweg zu. Diesen überqueren wir und gehen weiter ins Tal.

Am **Bach** entlang wandern wir, bis wir wieder an der Sport- und Spielstätte vorbeikommen, die zu einem Jugendzeltplatz gehört. Dahinter biegen wir links ab und gehen den Weg zurück, den wir anfangs gekommen sind.

EINKEHR AM WEG

in Dreislar:

Landgasthof Zum Adler
Ölfestraße 13, Medebach-Dreislar, Tel. 02982/552. Biergarten und Gartencafé. Montags Ruhetag.

Landgasthof Zum Burghof
Am Scheidt 1, Medebach-Dreislar, Tel. 02982/545. Geöffnet mittwochs bis sonntags von 12 bis 14 Uhr und von 18 bis 21 Uhr.

Gasthof Schüngel
Ölfestraße 17, Medebach-Dreislar, Tel. 02982/542. Geöffnet montags, dienstags, donnerstags und freitags von 11 bis 14 und ab 16 Uhr, samstags und sonntags ab 11 Uhr. Mittagstisch auf Anfrage, Küche ab 18 Uhr geöffnet.

WANDER HIGHLIGHT

Medelon

Es ranken sich viele Geschichten um die Frage, wo der Ortsname Medelon herstammt. Die Antwort reicht tief zurück in die Besiedlungsgeschichte der Medebacher Bucht – bis zu den Kelten. „Mede“, der Wortteil, der auch in Medebach vorkommt, bedeutet Wiese und „lon“ bedeutet Ort: der Wiesenort. An der Orke gelegen wurde der Ort erstmals 1280 urkundlich erwähnt, und er gehörte im Mittelalter zu Kurköln, zum kurkölnischen Sauerland.

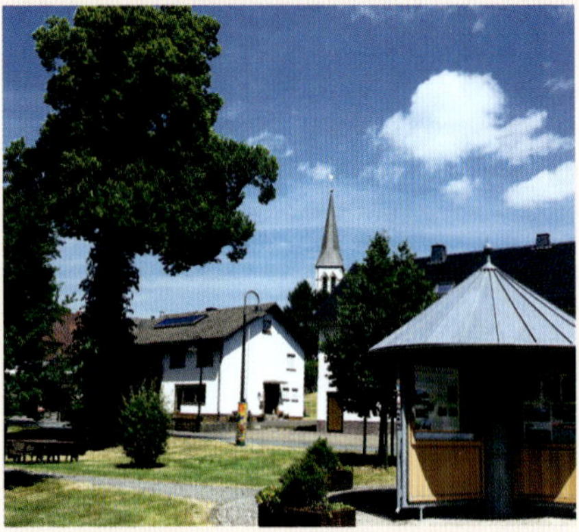

INFORMATION

Wir sind auf dieser Runde immer wieder auf dem Medebacher Bergweg unterwegs, der die neun Dörfer Medebachs auf 66 Kilometern verbindet. Dieser Weg lohnt sich auf allen Teilabschnitten. Informationen unter www.medebach-touristik.de – auch wenn man sich an manchen Sommertagen besser gemähte Wege wünschen würde ...

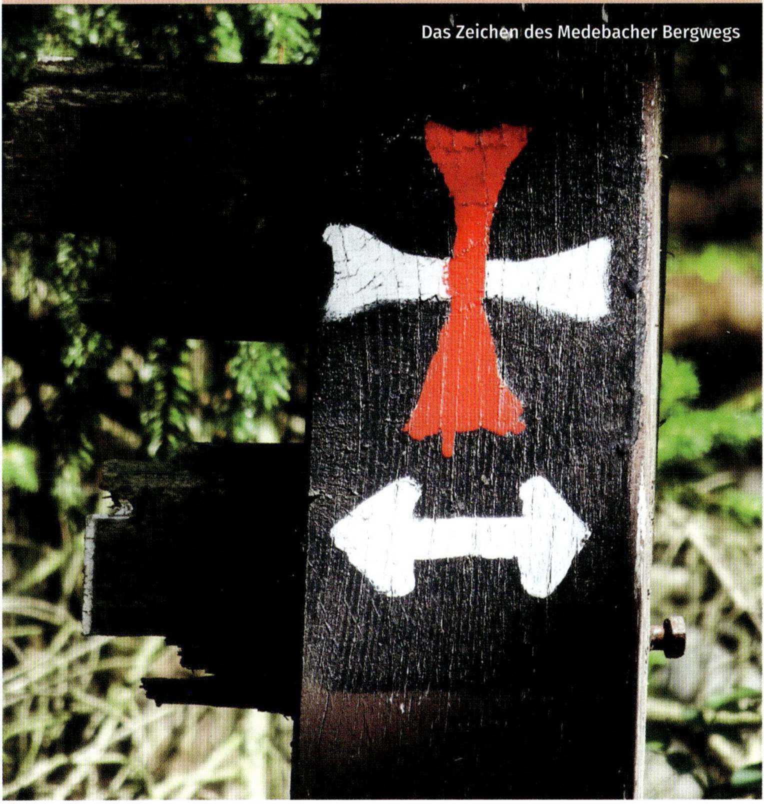

Das Zeichen des Medebacher Bergwegs

WANDER-WISSEN

Keinesfalls die Buche suchen!

Bei aufziehendem Gewitter sollte der Wald so schnell wie möglich verlassen werden. Am besten man klingelt an Haustüren und bittet um Unterstand. Aber was tun, wenn es einen doch im Wald erwischt? Den Rucksack und alle metallischen Gegenstände weglegen, tief ins Unterholz kriechen und sich mit leicht auseinanderstehenden Füßen in die Hocke beugen.

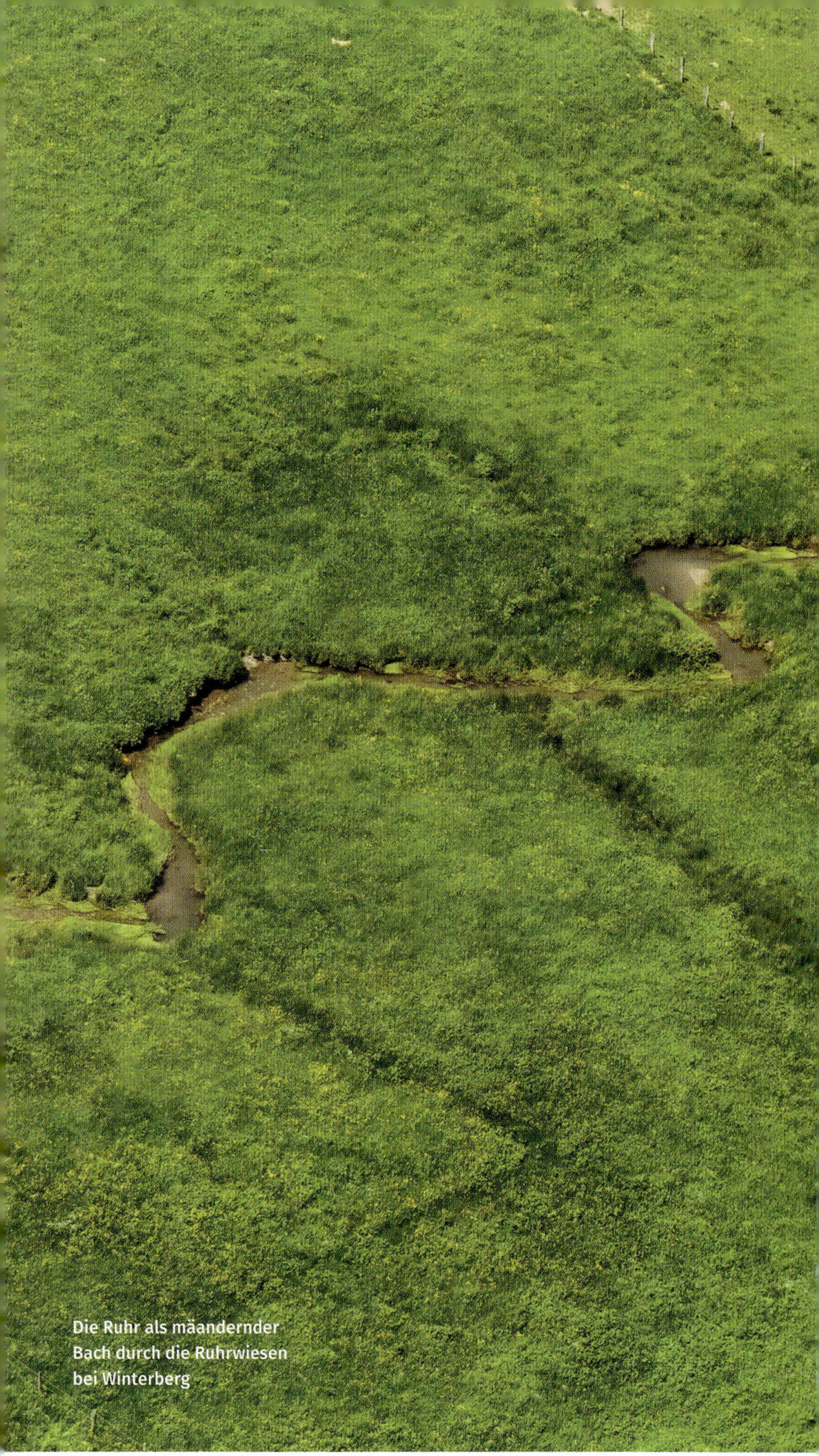

Die Ruhr als mäandernder Bach durch die Ruhrwiesen bei Winterberg

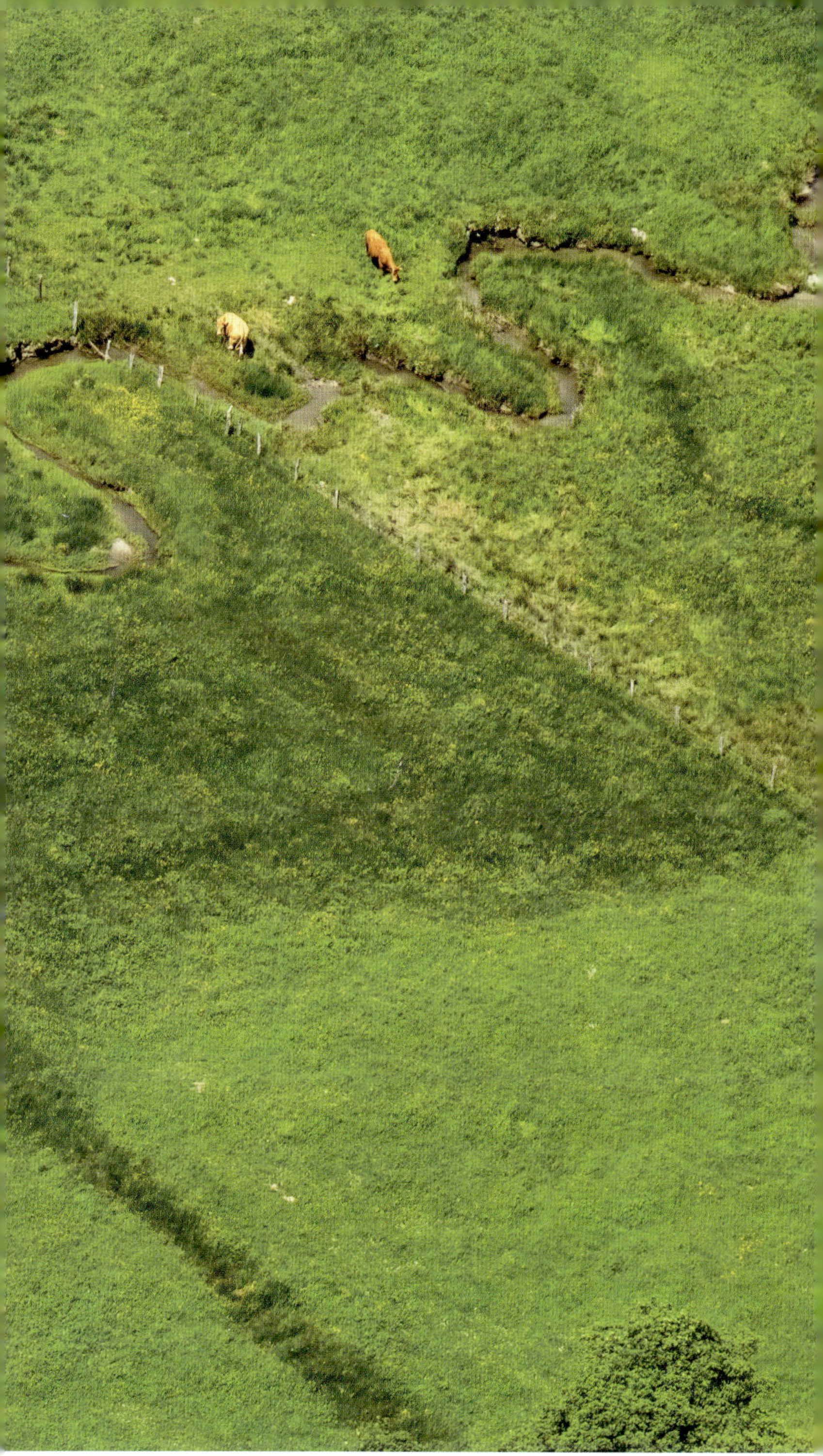

Selbstverständlich sind alle Touren in diesem Wanderführer erprobt, die Wegbeschreibungen und Kartenausschnitte sind so detailliert, dass sie auch ohne technisches Gerät problemlos nachgewandert werden können. Wer zur Sicherheit trotzdem die GPX-Daten herunterladen möchte, findet unten den Link. Da die vorgestellten Wege in die Natur führen, sind sie – natürlich – der Witterung und damit der Veränderung ausgesetzt. Sollten Sie feststellen, dass irgendwo unüberwindbare Hindernisse entstanden sind, dann sind Autorin und Verlag für einen Hinweis sehr dankbar.

Die im Buch vorgenommenen Wegzeitberechnungen orientieren sich an der vom Deutschen Wanderverband und von den Alpenvereinen in Deutschland und Österreich angenommenen Durchschnittsgeschwindigkeit von vier Kilometern pro Stunde im ebenen Gelände. Im bergigen Gelände kommt die Zeit dazu, um die sich die Gehzeit bergauf (in einer Stunde 300 Höhenmeter) und bergab (in einer Stunde 500 Höhenmeter) verlängert. Um auch bei kürzeren Strecken und im Falle eines Falles flexibel zu bleiben, sollte man nie ohne ausreichend Getränke starten!

Die **GPX-Daten** zu den Touren finden Sie unter

www.klartext-verlag.de

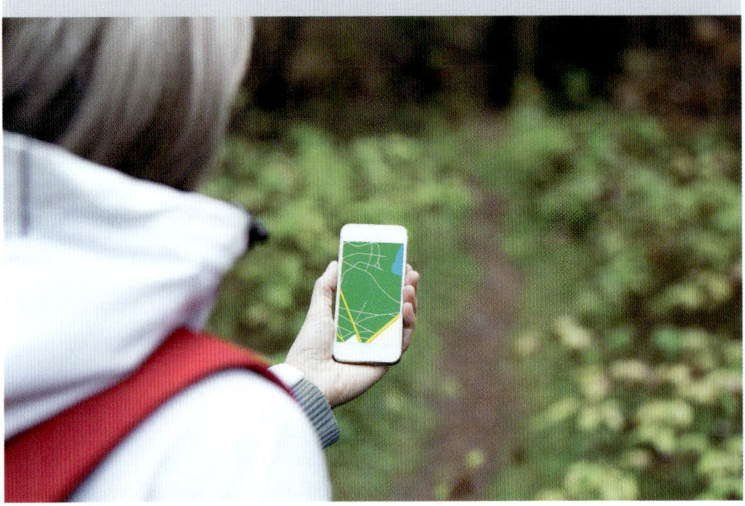

Allgemeine Hinweise

Alle Wege in diesem Wanderführer sind unter normalen Umständen ungefährlich zu gehen. Sie unterscheiden sich trotzdem deutlich nicht nur in der Länge, sondern auch in der Beschaffenheit der Wege – von Asphalt bis zu schmalen Waldpfaden.

Manche Touren erfordern ein bisschen Aufmerksamkeit, um auch immer die richtige Abzweigung zu finden, da sie abseits der beschilderten Strecken laufen. Solche Wege sind generell als schwieriger bewertet. Und übrigens gilt generell: Wandern geschieht immer auf eigene Gefahr.

Bildnachweis

Adobe Stock: S. 142 ©Kaspars Grinvalds
Blossey, Hans: S. 22-23, 46-47, 76-77, 100-101, 124-125, 140-141
Ferienwelt Winterberg: S. 85, 104, 105, 111
Privatarchiv Nikola Hollmann: S. 4, 5, 6, 7-12, 16-21, 24-26, 28-33, 36, 39, 40, 42-45, 48-52, 55-58, 60, 62-66, 68, 70, 72-75, 78, 80-84, 86-92, 94-98, 102, 103, 106-109, 112, 115-120, 122, 123, 126, 127 o., 128-130, 132-135, 137 r., 138, 139
Schmallenberger Sauerland Tourismus: S. 14, 15, 34, 37, 41
Touristik-Gesellschaft Medebach mbH: S. 127 u., 136, 137 l.
Wisent-Welt-Wittgenstein e.V.: S. 59